Reinhold Ruthe
Wer die Wahl hat, hat die Qual

W0064826

Reinhold Ruthe

Wer die Wahl hat, hat die Qual

Die unbewussten Motive der Partnerwahl

Bibliografische Information Der Deutschen Bibliothek
Die Deutsche Bibliothek verzeichnet diese Publikation in der
Deutschen Nationalbibliografie; detaillierte bibliografische Daten
sind im Internet über http://dnb.ddb.de abrufbar.

© 2004 by Joh. Brendow & Sohn Verlag GmbH, Moers
Einbandgestaltung: BrendowCreativ, Moers
Titelfoto: Getty Images
ISBN 3-87067-999-9
www.brendow-verlag.de

Inhalt

Vorwort

Zwei Menschen fliegen aufeinander. Welche geheimen Wünsche beflügeln die Zuneigung?
Die Wahl des richtigen Partners ist in der Tat eine Existenzfrage und gehört mit zu den wichtigsten Entscheidungen, die wir im Leben treffen. Wohlbefinden, Gesundheit und Zufriedenheit hängen von dieser Wahl ab. Sie entscheidet über Glück oder Unzufriedenheit,
seelische Gesundheit oder seelische Störungen,
Lebensfreude oder Melancholie.

Von daher ist es völlig unverständlich, dass Staat, Gesellschaft und Kirchen nicht intensiver dafür sorgen, dass junge Menschen gründlich auf den „Beruf" Ehe vorbereitet werden. Für jeden Beruf braucht der Mensch eine lange Ausbildung. Wer ein Auto fahren will, braucht einen Führerschein. Um eine Ehe zu führen, braucht er offiziell nichts. Für das weltweite Waldsterben wird inzwischen einiges getan, für das weltweite Paarsterben kaum etwas.
Eine falsche Wahl gibt dem ganzen Leben ein problematisches Gefüge. Das Lebensgefühl ist bedrückt, die Energien sind gebremst, Pläne und Ziele werden blockiert. Partnerwahl hat viel mit Verliebtheit zu tun. Verliebtheit ist ein wonniges Gefühl. Aber sie macht blind und verzerrt die Realität. Was ist der Unterschied zwischen Verliebtheit und Liebe? Wahre Liebe macht klarsichtig. Sie deckt auf und sieht die Beziehung nüchtern.
Was gehört alles zur wirklichen Liebe? Was kennzeichnet eine reife und eine unreife Liebe?

Das Phänomen des Sich-Verliebens ist ausgesprochen geheimnisvoll. Was überfällt uns? Was treibt uns? Ziel dieses Buches ist es,

... diese unbewussten und versteckten Motive der Partnerwahl ans Licht zu bringen,

... die Verliebtheit als gefährliche Illusion zu entlarven,

... Stärken, Schwächen und künftige Konfliktmuster anzusprechen

... und konkrete beraterische und geistliche Hilfen anzubieten, mit Schwierigkeiten im Zusammenleben fertig zu werden.

- Was kennzeichnet eine harmonische Beziehung? Welche Voraussetzungen garantieren im weitesten Sinne eine glückliche Partnerwahl?
- Was geschieht, wenn das Unbewusste Regie führt?
- Welche versteckten Motive bestimmen die Wahl?
- Was geschieht, wenn überhöhte Ansprüche und idealistische Erwartungen die Wahl beeinflussen?

Partnerwahl ist auch eine Frage des Glaubens. Für zwei Verliebte und Liebende wird es schwer, ein gemeinsames Leben aufzubauen, wenn sie nicht eine gemeinsame Glaubensbasis verbindet.

Die Partnerwahl braucht das richtige Vorzeichen. Sie fällt keinem in den Schoß. Denn die Wahl benötigt

– einen klaren Verstand,

– die Unterscheidung von Verliebtheit und Liebe,

– eine reifliche Überlegung,

– eine Zeit der Prüfung und

– eine ungetrübte Überzeugung: Wir beide sind füreinander bestimmt.

Dieses Buch ist in erster Linie als Arbeitsbuch gedacht. Es enthält eine Reihe Selbsterforschungsfragebögen, um den eigenen Persönlichkeitsmerkmalen auf die Schliche zu kommen. Es enthält konkrete Hinweise, um die Erwartungen und Wünsche an den Partner zu erkennen.

Es bietet die Möglichkeit, ein Lebensstilprofil zu erstellen, das Stärken und Schwächen für die Partnerschaft reflektiert. Es enthält viele Beispiele aus Seelsorge und Beratung. Die Namen und Umstände wurden so verändert, dass die betroffenen Personen sich nicht darin wiedererkennen können.

Ich danke besonders meiner Frau Charlotte, die als Paar- und Eheberaterin jahrelang in einer Beratungspraxis gearbeitet hat, für wertvolle Tipps, für Beispiele und notwendige Korrekturen.

Reinhold Ruthe

Liebe – fünf Buchstaben, tausend Missverständnisse

Partnerwahl und Liebe, Partnerwahl und Verliebtheit, Tränen der Freude und Tränen der Enttäuschung gehören zusammen. Immer ist es die Liebe, die Menschen um den Verstand bringt, die dafür sorgt, dass Herzen höher schlagen, Sehnsüchte den Menschen zerreißen und dann wieder Herzen in Trauer und Verzweiflung stürzen.

Kaum ein Wort der deutschen Sprache birgt so viele Missverständnisse wie das Wort Liebe. Ist es ein Wunder, dass die Partnerwahl, die einmal von Glücksgefühlen der Liebe begleitet war, für viele nach kurzer Zeit in einem Liebesdrama endet?

Liebe, was ist das?

In der deutschen Sprache gehört das Wort zum
– schönsten und am häufigsten missbrauchten,
– einfachsten und vieldeutigsten,
– stärksten und zartesten,
– begehrtesten und heikelsten
Ausdruck, der Menschen beglücken und verändern kann.
Was verstehen wir nicht alles unter Liebe?

In fünf Buchstaben versuchen wir, eine geheimnisvolle Kraft einzufangen. Liebe ist ein vertrautes Wort. Ein Begriff, der Vokabeln wie
Romanze,
Glück,

Herzklopfen,
berauscht sein und
Sehnsucht
umfasst, aber auch Liebesschmerzen, Tränen, Depressionen
und Verzweiflung auslösen kann.

Liebe hat viele Gesichter

Was verstehen wir nicht alles unter Liebe:
– Liebe zu Gott,
– Liebe zum Kaninchen,
– Liebe machen,
– Liebe zu Bratkartoffeln,
– himmlische Liebe,
– irdische Liebe,
– käufliche Liebe,
– romantische Liebe,
– Nächstenliebe und
– wahre Liebe.

Geistliches und Menschliches, Geheiligtes und Verwerfliches
– alles soll mit einem Wort ausgedrückt werden.
Was ist die wahre Liebe? Wenn wir das genau definieren
können, muss es auch eine unwahre, eine falsche, unreife
und höchst fragwürdige Vorstellung von der Liebe geben.
So ist es. Jeder versteht unter Liebe etwas anderes. Jeder
setzt mit seiner Wahrnehmung einen anderen Akzent. Das
macht das folgende Beispiel deutlich:
Sie kennen sicher die Geschichte vom blühenden Kirsch-
baum, den verschiedene Menschen sehen und sich darüber
Gedanken machen. Zuerst kommt ein Maler an der Blüten-
pracht vorbei. Staunend steht er davor und überlegt, wie er

dieses Blütenwunder auf die Leinwand bringen kann. Später kommt ein Bienenzüchter. Er sieht und hört die Bienen, die fleißig von Blüte zu Blüte fliegen und Kirschhonig produzieren.

Als Nächstes bleibt ein Holzfachmann vor der weißen Pracht stehen. Er taxiert den Stamm und mit einem Blick weiß er, welchen Wert das Kirschholz hat. Wieder ein anderer ist der Besitzer, der einen ängstlichen Blick auf den Baum wirft und inständig hofft, dass es keine Nachtfröste gibt, die die kommende Kirschernte verderben. Als Letztes kommt ein Liebespaar vorbei. Beide schwärmen von der paradiesischen Schönheit dieses Blütentraums. Sie sind berauscht vom Duft der Blüten, fallen sich leidenschaftlich in die Arme und vergessen Zeit, Kirschen und die Welt. Sie fühlen nur ihr Glück und schwelgen in ihrer Liebe.

Da die Partnerwahl um das Zauberwort Liebe kreist, ist es für junge Menschen erforderlich, diese Energiequelle genauestens zu erkunden und den Prozess der Wahl so durchschaubar wie möglich zu machen.

Hohe Scheidungsraten – serielle Monogamie

Die Statistik in der Bundesrepublik Deutschland veranschaulicht, dass mehr als 95 Prozent aller Menschen mindestens einmal im Leben eine enge Beziehung eingehen. Sie wollen Beständigkeit. Leider erfüllen sich die Erwartungen selten in den Beziehungen. Der Bund, der fürs Leben geschlossen wurde, wird wieder gelöst. Neue Beziehungen werden gesucht und eingegangen. Fachleute sprechen von der *seriellen* Monogamie. Eine Serie von Beziehungen wird eingegangen. Und leider nehmen viele ihre alten, unverarbeiteten Probleme mit in die neuen Beziehungen hinein.

In den vergangenen dreißig Jahren ist die Zahl der jährlich geschlossenen Ehen weitgehend unverändert geblieben. Was sich allerdings erheblich verändert hat, ist die Zahl der Scheidungen. Bis zum Jahr 2000 haben sich die Scheidungszahlen mehr als verdoppelt. Die Gründe sind vielfältig. In einer Studie hat das Hamburger GEWIS-Institut die häufigsten Gründe ermittelt:

1. Wir hatten unterschiedliche Zukunftspläne.
2. Ich fühlte mich eingeengt.
3. Ich habe mich in eine/n andere/n Partner/-in verliebt.
4. Mein/e Partner/-in war zu eifersüchtig.
5. Einer der beiden hatte Alkoholprobleme.
6. Einer der Partner ging ständig fremd.
7. Sexuell hat es nicht mehr geklappt.
8. Es gab immer Ärger mit dem Geld.
9. Wir haben uns wegen der Kinder zerstritten. [1]

Kinder, die Auseinandersetzungen und Konflikte der Eltern miterlebt haben, müssen nicht alle Fehler wiederholen. Aber der gute Wille „Wir werden alles anders machen!" genügt nicht. Sie haben sich destruktive Muster angewöhnt. Sie haben in einer unharmonischen Atmosphäre gelebt. Entscheidend ist es, sich alle zwischenmenschlichen Strategien der Ursprungsfamilie bewusst zu machen und die negativen durch positive zu ersetzen. Überall werden in Kirchengemeinden, Volkshochschulen und Bildungseinrichtungen Kurse für Verliebte und angehende Ehepaare angeboten. Die Ehe ist einer der wichtigsten Verträge, den kein junger Mensch ohne Vorbereitung abschließen sollte.

Junge Menschen vor der Ehe können sich ihre Einstellungsmuster bewusst machen.

Zur Reife gehört,
- nicht kopflos aus der Familie zu fliehen und in gegengeschlechtlichen Freundschaften das Heil zu suchen;
- sich nicht von unkontrollierten Liebesgefühlen treiben zu lassen;
- über die eigene Identität, über Lebensziele und Lebenseigenarten nachzudenken;
- über die Motive der Partnerwahl, über die Zukunft der Zweierbeziehung und über eine zukünftige Familie nachzudenken;
- zwischen Liebe und Verliebtheit zu unterscheiden und eine Wahl zu treffen, die jeder vor sich, vor dem anderen und vor dem lebendigen Gott verantworten kann.

Drei Aspekte der Liebe

Der amerikanische Psychologe Robert Sternberg hat eine Dreieckstheorie der Liebe entwickelt. Mit dieser Theorie misst Sternberg die Stärken und Schwächen eines Verliebten. Die drei Aspekte, die für ihn in erster Linie wichtig sind, charakterisiert er mit
- Nähe,
- Leidenschaft,
- Bindung. [2]

Unter *Nähe* versteht er Vertrauen und Geborgenheit. Der Liebespartner ist in der Lage, Vertrauen zu schenken und Geborgenheit zu vermitteln. Wer auf Nähe Wert legt, schenkt emotionale Wärme, kann mit dem anderen einen positiven Gesprächsaustausch pflegen.
Unter Leidenschaft versteht Sternberg, dass die sexuellen Gefühle stimmig sind. Die Partner begehren sich auch kör-

perlich. Beide müssen dieses sexuelle Begehren nicht in Geschlechtsverkehr umsetzen. Aber sie zeigen, dass Gott auch diesen Aspekt geschaffen hat und dass beide gern eine intime Beziehung eingehen möchten.

Als dritten Aspekt nennt Sternberg *Bindung*. Beide Partner sind bindungsfähig. Sie sind daran interessiert, zusammenzubleiben.

Sternberg spricht von der „vollkommenen Liebe", wenn alle drei Aspekte später in der Ehe zum Tragen kommen. Er beschreibt ausführlich, was geschieht, wenn ein Aspekt nur schwach ausgebildet ist und das Liebesdreieck Schwachstellen aufweist. Jedem leuchtet sofort ein, was geschieht, wenn die *emotionale Nähe* fehlt, wenn ein Partner sehr distanziert lebt, Abstand braucht und Nähe nicht aushalten kann.

Auch die Leidenschaft gehört zur Verliebtheit und zur Beziehung. Wenn einer von beiden keine sexuelle Sehnsucht verspürt, kein „Kribbeln im Bauch" erlebt, auf Küsse und Umarmungen ohne Schwierigkeiten verzichten kann, ist häufig später „mangelndes sexuelles Begehren" der Anlass für Krisen in der Partnerschaft.

Die Bindung spielt eine ebenso große Rolle in der Partnerschaft. Wer bindungsunfähig ist, wer aus festen Beziehungen flieht, stellt eine tragfähige Partnerschaft in Frage. Der Wille zur Bindung ist eine wichtige Voraussetzung für dauerhafte Beziehungen.

Partnerschaftliche Liebe verlangt, dass wir uns in den anderen hineinversetzen

Eine unverzichtbare Voraussetzung für Freundschaften und verbindliche Partnerschaften ist die Kunst, sich in den anderen einfühlen zu können. Liebe ist auf den anderen bezogen.

Liebe will glücklich machen und nicht selbst glücklich werden. Wer die Liebe benutzt, um selbst in erster Linie Nutzen daraus zu ziehen, der verliert. Darum ist der biblische Ansatz auf den anderen gerichtet: „Liebe deinen Nächsten wie dich selbst."

Wer den anderen *beschenkt*, wird selbst empfangen.
Wer den anderen *beglückt*, wird selbst Glück erleben.
Wer sich in den anderen *einfühlt*, wird durch seine Dankbarkeit erfreut.

Was heißt es, sich in den anderen hineinzuversetzen?
Ich gebe mir Mühe,
– ihn zu verstehen,
– ihn ernst zu nehmen,
– ihm nahe zu sein,
– seine Bedürfnisse kennen zu lernen,
– seine Gefühle nachzuvollziehen,
– seine Empfindungen mitzuerleben,
– beim anderen zu sein.

Wer sich diese Mühe gibt, muss seine eigenen Gedanken, seine eigenen Gefühle und seine eigenen Empfindungen zurückstellen können.

Vor vielen Jahren habe ich einen Gedanken von einem Mann gelesen, der die Hauptgesichtspunkte des Einfühlens auf den Punkt gebracht hat. Es sind Sätze, die junge Menschen meditieren und studieren müssten:
– Ich will lernen, mit den *Ohren des anderen* zu hören,
– ich will lernen, mit den *Augen des anderen* zu sehen,
– ich will lernen, mit dem *Herzen des anderen* zu fühlen.

In diesen Sätzen wird die Nächstenliebe gerühmt. Sie erfordert ein Höchstmaß an Du-Bezogenheit. Wir konzentrieren uns auf den anderen.

Was hat der andere *gehört*?

Was hat der andere *bei der Predigt mitgenommen*?

Was hat der andere *verstanden*?

Jeder kann lernen, mit seinen Fragen den anderen da abzuholen, wo er steht. Wir locken ihn, seine Gedanken zu offenbaren. Fragen reizen, sich mitzuteilen. Fragen ermutigen dazu, das Herz zu öffnen. Nehmen wir ein Beispiel, nämlich den Besuch eines Theaterstücks.

– „Was hat dich besonders angesprochen?"

– „Gibt es etwas, das du nur schwer verstehen kannst?"

– „Welchen Gedanken des Autors hast du persönlich für dich gehört?"

Oder nehmen wir den Bereich, der das Auge des anderen betrifft. Wenn wir durch die Welt gehen, sieht jeder etwas anderes. Jeder nimmt etwas anderes wahr. Und nur, wenn wir uns in den anderen hineinversetzen, sehen wir die Welt mit seinen Augen.

Sein Blick für dieses oder jenes, ist seine Welt.

Sein Augenmerk für Pflanzen oder Tiere, für Freude oder Leid, für Äußeres oder Inneres, das bringt ihn mir näher.

Seine Sicht der Dinge, seine Sicht des Glaubens, seine Sicht der Gemeinde, seine Sicht der Gottesbeziehung, in die ich mich einzufühlen versuche, schaffen eine innige Beziehung.

Und schließlich: Wir wollen lernen, mit dem Herzen des anderen zu fühlen. Was ich fühle, ist nicht falsch, aber es ist meine Welt. Wir bekommen nur dann eine innige und verbindliche Beziehung, wenn wir die Herztöne des anderen wahrnehmen.

– Bei welchen Themen schlägt sein Herz?
– Bei welchen Tönen spricht er mit welchen Gefühlen?
– Welche Anlässe gehen ihm zu Herzen?
– Wann verschließt er sein Herz?

Das Herz ist das Zentrum der Persönlichkeit, das Zentralorgan der Seele. Es ist der Sitz unserer Wünsche, unserer Leidenschaften, Empfindungen, Motive, Impulse, Reflexe und Entscheidungen. Für meine Begriffe sind die drei Sätze die umfassendste und die hilfreichste Übersetzung für das Zentralmotiv der Liebe. Wer bei der Partnerwahl und später im Eheleben diese drei Sätze beherzigt und in den Alltag überträgt, wird eine harmonische und glückliche Partnerschaft führen.

Männer und Frauen haben unterschiedliche Liebesbedürfnisse

Wichtig ist, dass beide Geschlechter diese Unterschiede wahrnehmen. Weil Verliebte und Befreundete vorwiegend von sich ausgehen, leben und lieben sie am anderen vorbei. Untersuchungen haben die Hauptaspekte, die Frauen und Männer mit Liebe umschreiben, herausgefunden:

Grundbedürfnisse der Frau	Grundbedürfnisse des Mannes
Verständnis	Vertrauen
Respekt	Akzeptanz
Hingabe	Anerkennung
Wertschätzung	Bewunderung
Sicherheit	Zustimmung
Fürsorge	Ermutigung

Fragen zur Selbstprüfung

- Wenn Sie als Frau die sechs Grundbedürfnisse der Liebe anschauen, welches Grundbedürfnis würden Sie an die erste, zweite, dritte bis sechste Stelle setzen?
- Wenn Sie als Frau die sechs Grundbedürfnisse des Mannes anschauen, sind ein oder zwei Wünsche darunter, die Sie gern auch für sich beanspruchen möchten? Welche?
- Mit welchen Grundbedürfnissen des Mannes haben Sie Schwierigkeiten, sie zu erfüllen?
- Wenn Sie als Mann die sechs Grundbedürfnisse des Mannes anschauen, welches Grundbedürfnis würden Sie an die erste, zweite, dritte bis sechste Stelle setzen?
- Wenn Sie als Mann die Grundbedürfnisse der Frau anschauen, sind Grundbedürfnisse darunter, die Sie gerne für sich beanspruchen möchten?
- Mit welchen Grundbedürfnissen der Frau haben Sie Schwierigkeiten, sie zu erfüllen?
- Sind Sie bereit, sich beide über Ihre Wünsche und Bedürfnisse auszutauschen?

Das Unbewusste führt Regie

Wir lernen einen Menschen kennen, sind verliebt bis über beide Ohren, sind begeistert, fasziniert und hingerissen. Das Herz klopft, das Blut gerät in Wallung und wir haben Schmetterlinge im Bauch. Ein wunderbares Gefühl beschwingt den Menschen. Der Himmel hängt voller Geigen. Man könnte Bäume ausreißen. Und plötzlich ist der Tanz auf Wolke siebzehn mit einem Schlag zu Ende. Die Seifenblasen sind zerplatzt. Der Verliebte fällt ins Bodenlose. Die Euphorie hat der Ernüchterung Platz gemacht. Die Vergangenheit hat sich als Fata Morgana erwiesen. Was geschieht, wenn wir uns verlieben?

Ist es *Zufall*?
Ist es ein unbestimmtes *Schicksal*?
Ist es die Sprache unserer *Gene*?
Ist es die Stimme unseres *Unbewussten*?
Ist es eine *Fügung Gottes*?

Oft erst im Nachhinein, wenn sich die Faszination und die Verliebtheit als schrecklicher Irrtum erwiesen haben, beginnen wir zu fragen.
– Was ist geschehen?
– War ich im Rausch?
– War mein Verstand ausgeschaltet?
– Hat meine Chemie mich getäuscht?
– Bin ich einem irrealen Traum aufgesessen?
– Bin ich so ein schlechter Menschenkenner?

Wie offensichtlich das Unbewusste unsere Wahl beeinflusst, möchte ich an einem bekannten Beispiel demonstrieren. Den meisten von uns ist der Tennisstar Boris Becker bekannt. Es geht mir bei diesem Beispiel nicht um eine moralische Bewertung oder um eine Diskriminierung, sondern um die Feststellung, wie das Unbewusste Regie führt.

Verheiratet war Boris mit der dunkelhaarigen und dunkelhäutigen Schönheit Barbara, die augenscheinlich einen afrikanischen Gesichtsausdruck und volle Lippen hat. Nach der Trennung bzw. Scheidung, oder schon vorher, hatte er in London den berühmten Seitensprung in der Wäschekammer mit einer Russin, die sogar ein Kind von ihm erwartete. Ebenfalls eine dunkelhäutige, dunkelhaarige Frau mit einem negroiden Profil. Dann lernte er die Rapperin Sabrina Sedlur kennen. Wieder eine dunkelhäutige, dunkelhaarige Frau mit afrikanischen Zügen. Wenn ich den Zeitungsmeldungen Glauben schenken darf, sind alle Beziehungen beendet. Und jetzt soll er sich in eine neue Frau verliebt haben, die wiederum den dunkelhäutigen und dunkelhaarigen Typ verkörpert.

Deutlich wird:
- Unbewusste Vorlieben, die tief im Innern angelegt sind, bestimmen unsere Partnerwahl.
- Unverstandene Sympathien für bestimmte körperliche Merkmale, für Haarfarbe, Gesichtsform und Figur, entfachen die Verliebtheit.
- Unerkannte programmierte Wünsche für bestimmte seelische und charakterliche Merkmale beeinflussen uns.
- Verborgene Bedürfnisse, die Mängel und Defizite aus der Kindheit repräsentieren, stacheln unsere Wahl an.

- Meine Vergangenheit mit positiven oder negativen Erfahrungen bestimmt meine Gegenwart.
- Meine Erfahrungen mit Männern und Frauen, mit Eltern und Großeltern, mit älteren und jüngeren Geschwistern und mit Autoritätspersonen finden ihren Niederschlag in der Partnerwahl.
- Meine Art der Liebe, meine Vorstellungen von Beziehungen und meine Liebeserwartungen habe ich als Kind verinnerlicht.
- Alle diese Erlebnisse und Erfahrungen, die meine Liebesgefühle programmiert haben, gewinnen Einfluss auf die Wahl des Partners. Es ist schon so: Das Unbewusste führt Regie.

Die Fassade verdeckt den Inhalt

Noch eine Erkenntnis gewinnen wir aus den Liebesbeziehungen von Boris Becker:

- In uns sind Vorlieben gespeichert, die an bestimmte Personen unserer Kindheit erinnern. Handelt es sich beispielsweise um eine Farbige, stehen vielleicht bestimmte Äußerlichkeiten im Vordergrund, wichtiger aber sind die seelischen, geistigen oder intellektuellen Eigenschaften, die das Kind im Zusammenleben beeindruckt haben.
- In Wahrheit sprechen uns also Charaktereigenarten an. Vielleicht war die Person besonders fürsorglich, hatte Zeit, mit uns zu spielen, hörte sich unsere kleinen Probleme und Kümmernisse an. Sie hat uns beschützt oder gefördert, uns vor Gefahren bewahrt, uns das Lesen beigebracht oder ein Musikinstrument zu spielen gelehrt.
- Entscheidend sind die Eindrücke, die diese Person auf unser Leben, auf unser Denken, Fühlen und Handeln ge-

macht hat. In der Regel ist der Erwachsene nur schwer in der Lage, diese hintergründigen Motive präzise zu formulieren. Wir bleiben an Äußerlichkeiten hängen, die uns sofort gegenwärtig sind, können aber den wahren Charakter unserer Vorliebe nicht benennen.

– Diese Äußerlichkeiten, die uns sofort ins Auge springen, verdecken aber den wirklichen Inhalt. Und so geschieht es, dass wir auf Äußerlichkeiten fliegen, die viele Menschen gemeinsam haben, die aber rein gar nichts mit den Charaktereigenarten zu tun haben, die wir als Kind geliebt haben.

Das sind die Gründe dafür,
... dass sich unsere Verliebtheit als Irrtum erweist,
... dass wir auf Äußerlichkeiten hereinfallen, weil die wirkliche Eigenschaft für uns nicht erkennbar ist,
... weil uns selbst unsere verborgenen Wünsche und Sehnsüchte nicht erkennbar sind.

Ein Beispiel für den Irrtum der Verliebtheit schildert uns der französische Philosoph René Descartes. Er wurde als Kind unglaublich von seiner Kinderpflegerin angezogen, die allerdings schielte. Das Schielen blieb ihm von dieser Frau ein Leben lang in Erinnerung. Jedes Mal, wenn er später einer schielenden Frau begegnete, wurden die kindlichen Liebesgefühle wieder entfacht. Er wurde magisch von schielenden Frauen angezogen. Sie weckten Zuneigung und Zärtlichkeit in ihm, sie ließen sein Herz höher schlagen. Allerdings wusste der große Philosoph genau:
... Eine schielende Frau, der er irgendwo begegnet, muss nicht die Charaktereigenarten haben, die seine damalige Kinderfrau verkörperte.
... Eine schielende Frau ist in den meisten Fällen nur der

äußerliche Prototyp seiner geliebten Kinderfrau, der er von Herzen zugetan war und die ihm wahre mütterliche Liebe entgegenbrachte.

... Eine schielende Frau, die ihm im späteren Leben begegnete, ist in der Regel eine Täuschung und ein Verliebtheitsirrtum.

Unzähligen geht es wie dem französischen Philosophen. Sie begegnen im täglichen Leben dem Urbild ihrer Liebessehnsucht. Der erste Eindruck stimmt. Die Fassade spiegelt treffsicher die ursprünglichen Liebesgefühle wider. Beim näheren Kennenlernen entpuppen sich die geheimen Sehnsüchte als Fata Morgana, als eine unrealistische Spiegelung. Die Enttäuschung ist verständlicherweise tiefgehend. Aber wir lernen aus Fehlern und Irrtümern. Und: Wir lernen uns immer besser kennen.

Elvira hat es erwischt

So jedenfalls kommentiert es die Mutter. Elvira ist 23 Jahre alt, hat eine gute Stellung in der Bank. Seit zwei Jahren wohnt sie in einem schönen Ein-Zimmer-Apartment. Sie ist selbstständig, und doch fühlt sie sich oft allein.

Und dann ist es über Nacht geschehen. In ihrer Gemeinde wurde ein Single-Treff eingerichtet. Hier treffen sich zunächst alle vier Wochen junge Menschen, die allein leben und gern Kontakt mit Freunden und Freundinnen pflegen möchten. Ein Mann mit blauen Augen und dunklen Haaren, eine attraktive Erscheinung, hat es ihr angetan. Er lächelt immerzu, drückt Kontaktbereitschaft aus und lässt seine Blicke über die Anwesenden schweifen. Armin fühlt sich blitzartig von Elvira angesprochen. Plötzlich stehen sie nebeneinander, trinken eine Cola, sprechen belanglos über das Wetter, über die gute Idee der Gemeinde, und ihre Blicke begegnen sich intensiver. Sie sitzen nebeneinander, beide fühlen sich angezogen, verlassen am Schluss gern die Veranstaltung und kehren noch in ein Weinlokal ein.

In der folgenden Woche treffen sie sich einige Male. Jedes Treffen verläuft mehr als zufrieden stellend.

Beide haben das untrügliche Gefühl:

Wir sind verliebt.

Wir passen zusammen.

Der Himmel meint es gut mit uns.

Elvira ist wie umgewandelt. Alle Dinge des Lebens sind wie neu. Die Blumen leuchten plötzlich lebhafter, die Musik ist schöner. Alltag und Arbeit sind erträglicher als sonst. Elvira schwebt auf Wolke siebzehn. Ihre Verliebtheit hat ihr Leben umgekrempelt.

Das ungetrübte Glück hält knapp vier Wochen, dann gibt es einen merkwürdigen Umschwung. Armin hält eine Verabredung nicht ein, hat auch nicht angerufen. Am späten Abend meldet er sich. Seine Stimme klingt etwas bedrückt. Er wirkt distanziert und cool. In den kommenden Tagen kann er nicht – aus beruflichen Gründen, so tönt es müde und abgeklärt durchs Telefon. Er will sich wieder melden, wenn die beruflichen Schwierigkeiten abgewickelt sind.

Elvira erlebt einen gewaltigen Schock. Von einem Liebeshoch stürzt sie unvorbereitet in ein Liebestief. Sie ist völlig hoffnungslos und verzweifelt. Sie versteht die Welt, den Mann, die Liebe und alles nicht mehr. In dieser Situation sucht mich Elvira auf. Fragend, klagend und tief enttäuscht schaut sie mich an. Gemeinsam machen wir uns auf den Weg, das Gefühlschaos zu lichten und Licht in das Dunkel der geheimnisvollen Verliebtheit zu bringen.

Was ist geschehen? Nur ein paar Hinweise:

– Elvira hatte kurz zuvor das Elternhaus verlassen und war in ihrem wunderschönen Apartment einsam. Die Sehnsucht nach Kontakt und Gemeinschaft wurde sehr groß.

– Elvira war und ist sehr beziehungsabhängig. Sie konnte schon früher schlecht allein sein und klebte an ihren Geschwistern, an Freundinnen oder an den Eltern.

– Armin ist ein eher introvertierter Mann und inzwischen 29 Jahre alt geworden. Er hat einige Freundschaften hinter sich, die er alle abbrach, weil er sich nicht vereinnahmen lassen wollte. Im Freundeskreis fühlt er sich unwohl, weil inzwischen alle Freunde in seinem Alter verheiratet sind. Er glaubt, mithalten zu müssen, ist aber vom Zusammenleben mit einer Frau nicht überzeugt.

– Einige Wochen fand er die Beziehungen wunderbar, dann wurden ihm die Kontakte zu viel. Per Telefon fing er an, auf Distanz zu gehen. Er getraute sich nicht, es ihr im Rahmen einer persönlichen Begegnung zu sagen.

– Elvira war über sich als Christin enttäuscht. Sie hatte sich in der kurzen Zeit zu sexuellen Beziehungen überreden lassen. Sie selbst sah es als großen Fehler an, mit Armin nicht gründlicher über gemeinsame Ziele, gemeinsame Pläne und gemeinsame Bedürfnisse gesprochen zu haben. Beide zog es aus verschiedenen Gründen zueinander, aber die wirklichen Grundlagen einer verbindlichen Beziehung fehlten.

In Bruchteilen von Sekunden entscheiden wir

Die Forscher behaupten, dass wir Menschen seit Urzeiten gerüstet sind, blitzschnell und größtenteils automatisch Gesichter und Persönlichkeiten einzuschätzen. Der Psychologe

Ronald Hess von der Universität Saarbrücken ist der Meinung, dass der erste Eindruck ein Phänomen ist, dem sich niemand entziehen kann. Der Prozess ist nicht bewusst. Er behauptet, dass innerhalb von 150 Millisekunden bis 90 Sekunden im Normalfall ein Rundum-Check abgeschlossen ist. Das Urteil steht. [1]

Alter, Geschlecht und Attraktivität seien die ersten Kriterien, aus denen ein Persönlichkeitsbild entsteht. Bruchteile von Sekunden entscheiden über Sympathie und Antipathie. Es stimmt, wir taxieren pausenlos:
– bei einem Vorstellungsgespräch,
– im Supermarkt,
– auf einer Party,
– im Gottesdienst, überall.

„Wie das menschliche Gehirn jedoch Aussehen, Mimik, Gang, Geruch und Stimme sekundenschnell zu einem Gesamtbild verrechnet, wissen wir noch nicht genau", schränkt der Psychologe ein. Aber Psychologen und Gehirnforscher gewinnen immer neue Erkenntnisse über die phänomenale Leistung des ersten Eindrucks. Forscher, die die Abfolge menschlicher Kontakte zu rekonstruieren versuchen, stellen fest: Mal riechen wir den anderen zuerst, mal werden wir durch die Stimme auf ihn aufmerksam.

Der Biologe Claus Wedekind von der Universität Edinburgh zeigte, dass die Ähnlichkeit mancher unbewusst wahrgenommener Signalstoffe des Immunsystems die sexuelle Anziehungskraft bereits beim ersten Atemzug mitbestimmt.

Mit hundert Milliarden Nervenzellen verarbeitet unser Gehirn blitzschnell,
– was wir *sehen*,
– was wir *hören*,
– was wir *riechen*.

In der rechten Hirnhälfte werden zahllose Reize beim ersten Eindruck emotional bewertet. Nimmt das menschliche Gehirn einen Unbekannten erstmals wahr, arbeiten hundert Milliarden Nervenzellen auf Hochtouren. Sie werden mit unzähligen Signalen des Gegenübers gefüttert. Augen und Gesicht spielen beim ersten Eindruck eine hervorstechende Rolle. Die Untersuchungen zeigen, dass der Mensch auf einem Foto schon nach 150 Millisekunden das Geschlecht der Abgebildeten ausgemacht hat. Von daher kann man sagen: Es gibt keinen wertfreien ersten Eindruck. Jede Person wird gleichzeitig subjektiv bewertet. Für uns sollte das ein ernsthafter Hinweis sein, mit Urteilen vorsichtig zu sein. Denn der erste Eindruck kann täuschen. Wie sagte Jesus: „Verurteilt nicht andere, damit Gott nicht euch verurteilt. Denn euer Urteil wird auf euch zurückfallen, und ihr werdet mit demselben Maß gemessen werden, das ihr bei anderen anlegt" (Matthäus 7,1-2).

Und doch, jeder Eindruck eines anderen Menschen hinterlässt eine Spur. Und der erste Eindruck prägt auch den zweiten. Forscher haben es getestet: Wer jemanden auf den ersten Blick als sympathisch einstuft, behandelt ihn auch freundlich. Der erste Eindruck verfestigt sich. Leider spielen auch Stereotypien eine große Rolle. Sie sind wie Schubladen, in die wir Menschen sofort einsortieren. Wir sehen nicht die Einzigartigkeit dieses Menschen, sondern markante Merkmale haben unser Vor-Urteil beeinflusst.

Da ist ein *Bartträger*. Welches Vorurteil haben Frauen bei Bartträgern? Eine junge Frau, die mit mir über zwei Männer sprechen wollte, in die sie verliebt war, sagte sinngemäß über einen Bartträger: „Er erinnert mich an meinen Vater. Er versteckte sich hinter seinem Bart. Niemand kam ganz dicht an ihn heran. Auch Mutter nicht. Der Bart war wie ein Zaun, der sein Grundstück umgab. Ich fürchte, er wird sich auch mir gegenüber unnötig abgrenzen."

Das kleine Beispiel zeigt auch, wie unsere Vor-Urteile unsere Wahrnehmung beeinflussen. Jeder Eindruck, den Männer und Frauen beim anderen hinterlassen, ist von Vorurteilen und Vorerfahrungen geprägt.

Wie unsicher unser erster Eindruck ist und welche Fakten zudem unser Bewertungssystem beeinflussen, machen weitere Forschungsergebnisse deutlich. Glücksgefühle, Resignation und Depression, aber auch Verliebtheit und der hormonelle Schub während des Eisprungs verändern die Urteilsfähigkeit. Optimistische und glückliche Menschen haben ein anderes Urteil als Menschen, die pessimistisch, grundsätzlich skeptisch und ängstlich allen Begegnungen gegenüberstehen. Sie finden bewusst oder unbewusst ein Haar in der Suppe. Sie glauben nicht an sich und an den anderen. Ihre depressive Grundstimmung wirkt wie ein Minuszeichen vor einer Gleichung.

Vier Personen entscheiden die Wahl

Nicht wenige sind der Meinung, dass nur die junge Frau und der junge Mann über die Partnerwahl bestimmen. Im Grunde sind es vier, die Glück und Unglück in der Hand haben. Und ich denke nicht an die Eltern und Schwiegereltern. Wenn wir die mit einbeziehen, sind es mindestens acht Personen, die die Wahl beeinflussen.

Wer sind die vier Personen? Die zwei Erwachsenen, die in der Gegenwart handeln, und die zwei Kinder, die in beiden Erwachsenen immer noch ein Wörtchen mitreden.

Der bedeutende amerikanische Kinderpsychiater W. Hugh

Missildine hat ein Buch geschrieben mit dem bezeichnenden Titel: „In dir lebt das Kind, das du warst". [2]
Die Erwachsenen von heute spiegeln jeweils einen unterschiedlichen Familienhintergrund wider. Was immer die beiden tun, was immer sie auch planen, das „Kind von früher" entscheidet mit über Schönes und Schmerzhaftes, über Harmonie und Schwierigkeiten. Ob sexuelle Probleme das Paar belasten, über Geld gestritten wird, Eifersucht die beiden plagt oder Nörgelei die Beziehung einschränkt, das „Kind von früher" mischt bei allen Auseinandersetzungen der beiden mit.

Das Kind in Ihnen meldet seine Bedürfnisse an

Der Erwachsene von heute ist das Kind von damals. Darum kommen seine Bedürfnisse, seine Wünsche und Sehnsüchte mehr, als uns lieb ist, zur Sprache. Wir wollen das *Damals* unserer Ursprungsfamilie wiederherstellen. Die Atmosphäre ist uns vertraut, die Beziehungsmuster sind uns geläufig.
Ein Beispiel aus Beratung und Seelsorge: Ein junges Paar sucht mich auf. Beide sind ganze vier Wochen verheiratet. Er hat eine gut dotierte Stelle als Diplom-Ingenieur. Sie ist Ergotherapeutin. Beide wollen mit Kindern noch ein paar Jahre warten, aber sie geraten über Finanzen in Streit. Er ist ein Einzelkind. Seine Eltern sind gut situiert. Er hat es gelernt, mit Geld großzügig umzugehen. Sparen hatte er nicht nötig. Seine Eltern erfüllten ihm alle seine Wünsche. Kurz vor der Heirat hatte der Vater mit Spekulationen allerdings viel Geld verspielt, und das Haus wurde mit hohen Hypotheken belastet.
Sie kommt aus einer Familie mit vier Kindern. Als Älteste trug sie ein Stück Verantwortung für ihre Geschwister. Der

Vater war ein kleiner Angestellter und seine Frau oft krank. Geld war in der Regel zu wenig da. Die älteste Tochter hatte den Einkauf für die Familie übernommen und ging sparsam mit dem Haushaltsgeld um. In Abendkursen hatte sie das Zuschneiden von Kleidern gelernt und war in der Lage, Kleider und Blusen selbst zu nähen.

Die beiden hatten einen Bausparvertrag abgeschlossen und wollten in einigen Jahren ein Einfamilienhaus bauen, um den Kindern ein angenehmes Zuhause zu schaffen. Er fand die Pläne gut, nur hielt er sich nicht daran. Schon in der Verlobungszeit hatte sie mehrfach den vollen Betrag in die Bausparkasse einzahlen müssen. Der Verlobte hatte das Geld für CDs, für teure Anzüge und für ein sehr teures Auto ausgegeben. Die Ausgaben hatte er ohne Absprache mit seiner Verlobten getroffen. Sie schimpfte über sein „kindisches" Verhalten und bestrafte ihn sexuell. Sie hatte große Schwierigkeiten, sich in den „Egoisten" und „Traumtänzer" einzufühlen. Die junge Frau hatte die reiche Familie ihres Mannes bewundert, aber seine „Großzügigkeit" in Sachen Finanzen und seine selbstsüchtige Lebenseinstellung waren ihr mehr als ein Dorn im Auge. Er wiederum verstand seine Frau nicht, die mit Geld „pingelig" umging, genauestens über das Haushaltsgeld Buch führte und seinen Lebensstil ablehnte.

Was wird dabei deutlich?
– Jeder der beiden ließ seine Erfahrungen im Elternhaus wieder aufleben.
– Jeder versuchte, das frühere Zuhause wiederherzustellen.
– Jeder nahm seine Familien- und Lebensvorstellungen mit in die Ehe.

Die Ehekrise konnte beigelegt werden, nachdem jeder Verständnis für das „Kind von früher" im anderen gewann. Die Konflikte, die die ganze Ehe in Mitleidenschaft gezogen hatten, verringerten sich allmählich.

Vier Personen müssen übereinstimmen

Weil eine Partnerbeziehung aus vier Personen besteht, ist die Beziehung von Natur aus kompliziert. Die Aufgabe der beiden Eheaspiranten vor der Verheiratung ist es, die Wünsche und Gewohnheiten, die in beiden schlummern, zu verstehen und ernst zu nehmen. Die Verliebtheit überdeckt solche Fragen. Die Herzen stimmen überein. Beide gehen zufrieden und voneinander begeistert ein paar Stunden in der Woche mit euphorischen Gefühlen spazieren, aber das Kind von früher bleibt versteckt. Alte Gewohnheiten und eingeschliffene Verhaltensmuster schlummern vor sich hin, bis der Alltag der Ehe beide Partner unliebsam aufschreckt.

Was können beide tun?
– Immer wieder Besuche bei Eltern und Schwiegereltern machen.
– Die Angewohnheiten, Stärken und Schwächen des anderen in Erfahrung bringen.
– „Will ich so behandelt werden, wie er seine Eltern behandelt?"
– „Stelle ich mir so meine Familie vor, in der über Gefühle kein Wort verloren wird?"
– „Erwartet er von mir, dass ich ihn so betuttele, wie seine Mutter es mit seinem Vater tut?"
– „Hat die Mutter der Frau ihr alle Arbeit und Verantwor-

tung abgenommen, damit sie studieren kann? Will sie auch später keine Mutterrolle übernehmen?"

– „Stellt er nur Forderungen an seine Mutter, und sie erfüllt ihm alle Wünsche?"

– „Wie werden die Rollen von Frau, Mann, Vater und Mutter in der Ursprungsfamilie bewertet? Welche Meinung haben sich die Kinder, die ineinander verliebt sind, gebildet?"

– „Wer übernimmt innerhalb der Familie die Verantwortung? Wer lässt sich bedienen?"

– „Werden Beziehungen gepflegt? Kommen Freunde und Gäste oder lebt die Familie isoliert?"

Die Zufriedenheit und der Erfolg einer späteren Ehe hängen davon ab, wie gut sich die vier – die beiden Erwachsenen und die „inneren Kinder von früher" – gegenseitig achten und auf den anderen einstellen können. Wenn zwei Erwachsene heiraten, die das „Kind von früher" übersehen und vernachlässigt haben, gibt es häufig viel unangenehme Streitigkeiten in der Ehe. In Wirklichkeit sind es die Kinder von früher, die sich in den Haaren liegen. Die Kinder von früher kämpfen miteinander. Sie wollen ihre erworbenen Rechte und Gewohnheiten ungern preisgeben.

Krisen sind Lebenshilfen

- Krisen sind Herausforderungen des Lebens.
- Krisen sind Fragen Gottes an unser Leben.
- Krisen sind Reifungshilfen und Wachstumsanreize.
- Krisen machen uns hellhöriger für Probleme, für Fallen und Fußangeln.

Was Elvira und Armin erlebt haben, führt zu hilfreichen Einsichten. Sie tun weh, aber sie lassen uns auch reifen. Aus Verliebtheit muss Liebe wachsen. Aus Verliebtheit soll sich eine reife Beziehung entwickeln.

Wir müssen *Erfahrungen* sammeln.
Wir müssen *Zusammenhänge* verstehen lernen.
Wir müssen lernen, *Hintergründe und Motive* aufzudecken.

Ich greife einen Gesichtspunkt heraus, den Elvira nicht gesehen und verstanden hat. Elvira ist sehr anhänglich, kontaktbedürftig und eine Person, die Nähe sucht. Sie kann schlecht allein sein. Sie braucht Menschen. Die Schattenseite ihres Verhaltens ist:
– Sie klammert.
– Sie engt den Freund ein.
– Sie raubt dem anderen den Freiraum.
– Sie bedrängt den anderen und veranlasst ihn, sich zurückzuziehen.
Armin war am Anfang von Elvira begeistert, ohne Frage. Etwas gehemmt, introvertiert und schüchtern war er ihr begegnet. Sie hatte geschickt und charmant die Distanz überbrückt. Dankbar hatte er ihr Entgegenkommen begrüßt, aber dann spürte er:
– Er fühlte sich *belästigt*.
– Er fühlte sich *vereinnahmt*.
– Er konnte seine Tage nicht mehr *frei* verplanen.
– Er schob Terminvereinbarungen hinaus und *entzog* sich mit einer Lüge.

Schließlich brach Armin die Beziehung zu Elvira ab. Aus der anfänglichen Begeisterung hatten sich Angst und Panikgefühle entwickelt. Mit einem so vereinnahmenden Wesen verheiratet zu sein, wäre für ihn eine Katastrophe geworden. Elvira absolvierte zehn Therapiesitzungen, um sich mit ihrer „Anhänglichkeit" auseinander zu setzen. Sie hielt „Anhänglichkeit" für die wahre Liebe. Sie glaubte, Verliebte – wie Verheiratete – müssten ihr Leben und alle Zeit miteinander teilen. Sie „brauchte" einen Partner, der immer für sie da war. Sie hielt das Bedürfnis des Partners nach Distanz für lieblos und für neurotisch.

Die Ursache für die Anziehung wird zur Ursache für den Konflikt

Das ist *eine* Möglichkeit, die Liebespaare unterschätzen. Später in der Ehe können starke Störungen auftreten, weil die ursprüngliche Anziehung ins Negative umgeschlagen ist. Schauen wir uns ein Paar an, das drei Jahre verheiratet ist. Eva ist ausgesprochen nähebedürftig. In der Kindheit war sie viel allein. Ihre Eltern hatten ein Computergeschäft, in dem beide Eltern tätig waren. Eva hatte keine Geschwister. Sie lernte, allein zu spielen und sich allein zu beschäftigen. Aber die Sehnsucht, mit Gleichaltrigen zusammen zu sein, steigerte sich. Eva weinte häufig, wenn sie nicht raus durfte, um Freundinnen zu besuchen.

Als sie 18 Jahre alt wurde, nahm sie sich das Recht, ständig unterwegs zu sein, und kam abends spät nach Hause. Ihr fiel die Decke auf den Kopf. Sie konnte ohne Kontakte nicht sein.

Mit 22 Jahren lernte sie Erich kennen, einen angehenden Finanzbeamten. Erich wirkte solide, gut gekleidet und gab sich sehr beherrscht. Das imponierte Eva. Der Mann war selbstbewusst und hatte Selbstvertrauen. Als sie verheiratet waren, gab es immer mehr Spannungen zwischen ihnen, die beide vor der Ehe übersehen hatten:

Eva
- war einsam,
- nähebedürftig,
- konnte nicht allein sein,
- suchte einen ständigen Begleiter,
- klammerte sich in der Kindheit an Spielgefährten
- und reagierte mit Verlustangst, wenn der Partner länger als
  einen Tag ausblieb.

Erich hatte in der Kindheit eine überfürsorgliche und verein-
nahmende Mutter erlebt.

Erich
- strebte daher die Selbstständigkeit an,
- wollte so früh wie möglich unabhängig sein,
- ging auf Distanz zum Elternhaus,
- wollte nicht von Eva (wie seine Mutter es gemacht hatte)
  vereinnahmt werden,
- demonstrierte ein hohes Maß an Selbstbewusstsein und
  Selbstvertrauen, das Eva imponierte,
- floh aber vor der Vereinnahmung durch seine Mutter und
  durch Eva und löste bei Eva Verlustängste aus.

In etlichen Beratungsgesprächen lernten Eva und Erich, die
eigenen Beziehungsmuster wahrzunehmen und die jeweiligen Bedürfnisse des Partners ernst zu nehmen. Partnerschaft
verlangt, Kompromisse zu schließen und die Wünsche und
Erwartungen des anderen zu respektieren.

Wenn die Ergänzungsmuster bzw. die gegensätzlichen Ein-
stellungs- und Verhaltensmuster bei beiden Partnern extrem
angelegt sind, kann es zu schweren Konflikten im Zusammenleben kommen.

Wenn ich wissen will, ob ich mit dem Partner kooperieren kann, ist es hilfreich, sich die wichtigsten Einstellungsmuster und vorherrschenden Gefühle bewusst zu machen. Frauen wie Männer begegnen sich mit positiven und negativen Verhaltensmustern. Bewusste und unbewusste Strategien, miteinander umzugehen, können das Zusammenleben erschweren. Je mehr wir diese Einstellungen durchschauen, desto eher können wir sie verändern. Denn je weniger wir unsere destruktiven Gefühle erkennen, desto stärker können sie die Partnerschaft belasten.

Der folgende Selbsterforschungsfragebogen enthält die wichtigsten Einstellungsmuster in der zwischenmenschlichen Kommunikation.

- In welchen Mustern erkennen Sie sich selbst wieder?
- Wo entdecken Sie Fallstricke in Ihren Beziehungen?
- Welche Einstellungen bei Ihnen rufen bei Eltern, Großeltern, Geschwistern, Freunden und Kollegen Widerstand hervor?
- Sind Sie bereit, sich einer solchen Selbstprüfung zu unterziehen, um späteren Konflikten vorzubeugen? Erst wenn ich meine Fehlhaltungen und negativen Reaktionen bejahen kann, bin ich in der Lage, sie zu korrigieren.

Ein Selbsterforschungsfragebogen

	stimmt	stimmt nicht
Ich bin ein Wahrheitsfanatiker.	/	
Ich kann Streit nicht ertragen.		
Ich hasse Langeweile.		
Ich bin unzuverlässig.		/
Ich bin offen.	/	
Ich bin ehrgeizig.	/	
Ich bin nähebedürftig.		
Ich brauche viel Gesprächsaustausch.		
Ich neige zum Jähzorn.		
Ich neige zum Klammern.		
Ich habe hohe Erwartungen an den Partner.	/	
Ich neige zur Umtriebigkeit.		
Ich neige zum Perfektionismus.	/	
Ich bin leichtlebig.		
Ich bin nicht tolerant.	/	
Ich bin unflexibel.		
Ich kritisiere leicht.	/	
Ich bin rechthaberisch.	/	
Ich kann schlecht verzeihen.		
Ich reagiere impulsiv.		
Ich neige dazu, in Beziehungen zu dominieren.		
Ich kann nicht Nein sagen.		
Ich übernehme ungern Verantwortung.		

	stimmt	stimmt nicht
Ich bin fehlerorientiert.		
Ich bin schüchtern.		
Ich bin eher passiv.		
Ich bin spontan.		

Hinweise für den Selbsterforschungsfragebogen
„Meine Einstellungsmuster und vorherrschenden Gefühle"

1. Füllen Sie den Fragebogen ohne langes Nachdenken aus.
2. Nennen Sie die drei wichtigsten Muster, die Ihnen selbst und im Hinblick auf andere Menschen (ganz allgemein) Schwierigkeiten machen.

   Können Sie sich vorstellen, dass sie auch in einer zukünftigen Partnerschaft Konflikte verursachen?

   Wie sehen die Schwierigkeiten aus?

   Sind Sie bereit, an diesen Verhaltensmustern etwas zu ändern?
3. Bitte überlegen Sie, welche Reaktionen Sie durch Ihre drei Kommunikationsschwierigkeiten bei eventuellen Partnern hervorrufen können!
4. Anhand von drei wahllos herausgegriffenen Einstellungsmustern werden partnerschaftliche Auseinandersetzungen reflektiert:

   „Ich bin ein Wahrheitsfanatiker."

   = Ich lege alle Aussagen des Partners auf die Goldwaage.

   = Jede Ungenauigkeit lege ich als Lüge und Vertrauensbruch aus.

   = Was der andere beschönigt, verschweigt oder unterschlägt, kann die Beziehung zerstören.

„Ich neige zur Umtriebigkeit."

= Ich bin ruhelos, kann schlecht still sitzen, verbreite Hektik.

= Ich rege den ruhigen Partner auf und übe Druck aus, die Umtriebigkeit überfordert den anderen.

„Ich neige zum Perfektionismus."

= Ich kann kaum abschalten, weil ich ständig im Haushalt, an der Kleidung und im Alltag Fehler und Unvollkommenheiten entdecke.

= Ich neige zum Nörgeln, weil die Unordnung, die Großzügigkeit und die Unvollkommenheit des Partners mein Wohlbefinden stören.

= Ich mache mir und dem Partner das Leben schwer, weil mein Perfektionismus mit hohen Erwartungen verbunden ist, die selten befriedigt werden.

5. Gehen Sie anhand der eben genannten Beispiele alle Aussagen durch. Welche Folgen können die Einstellungen haben, bei denen Sie „stimmt" angekreuzt haben.

Was geschieht, wenn es zwischen zwei Menschen funkt?

In wenigen Sekunden unbewusster Kommunikation ist vieles geschehen. Zwei Menschen wecken nahezu in Lichtgeschwindigkeit Empfindungen füreinander. Das Bewusstsein kann so schnell nicht folgen. Es hinkt hinterher. Vielleicht erst Tage, Wochen oder Monate später wird ihnen bewusst, was geschehen ist. Seit unserer Geburt haben wir Erfahrungen gesammelt und gespeichert, die unsere seelische Struktur kennzeichnen. Was uns entspricht, korrespondiert mit den Erfahrungen, die unser Gegenüber im Leben gespeichert hat. Welche Lebenseinstellungen korrespondieren miteinander?

– Eine ganz bestimmte Art, Lust zu erleben,
– ganz bestimmte Auslöser, Angst zu empfinden,
– ganz bestimmte Reaktionen wecken unsere Abwehr,
– ganz bestimmte Wahrnehmungen bringen unsere *Gefühle in Wallung.*

Die ersten Sekunden sind entscheidend. Niemand ist in der Lage, dieses geheimnisvolle Wechselspiel bis in alle Winkel auszuloten. In den ersten Lebensjahren werden diese Strukturen im Leben eines Kindes geprägt.

Die Art der Elternbeziehung,
die Art, wie Sie fühlen, denken und handeln,
die Art, wie Sie kommunizieren,

die Art, wie Sie Konflikte lösen,
die Art, wie Sie optimistisch oder pessimistisch Ihr Leben gestalten,
die Art, wie Sie vertrauensvoll oder misstrauisch der Welt begegnen,
all diese Muster und Eigenschaften haben uns geprägt und kommen in der Begegnung mit einem gegengeschlechtlichen Wesen zum Tragen. Diese lebensgeschichtlich erworbenen Eigenarten werden wechselseitig in den ersten Sekunden mobilisiert und verknüpft. So entsteht eine gemeinsame Beziehungsstruktur. Die Verliebtheit entsteht also, weil sich Empfindungen auf der einen Seite mit Empfindungen auf der anderen Seite wunderbar ergänzen, verknüpfen.

Sofort entsteht die Frage: Und warum scheitern später diese passend erscheinenden Beziehungen? Zwei Antworten:

Antwort 1: Die Ursache für die Anziehung ist die Ursache des Konflikts.
Der Grund für die Ergänzung, die Ursache eines passenden Zusammenspiels führt zu Auseinandersetzungen. Wenn einer spricht und der andere hört zu, das ist vor der Ehe eine höchst befriedigende Angelegenheit. Der eine ist glücklich, reden zu können, sich mitzuteilen, der andere ist glücklich, dass er nicht reden muss, dass ein anderer die Kommunikation aufrechterhält. Später, wenn beide verheiratet sind, erlebt jeder diese wunderbare Ergänzung als tragische Beziehung. Der Redende schimpft, dass der Partner nicht genügend Echo bietet. Der Schweiger ist unglücklich, weil er ständig bedrängt wird und sich unter Druck gesetzt fühlt, antworten zu müssen.

Antwort 2: Das Zusammenpassen in der Verliebtheitsphase verlief unbewusst.
Wir ziehen das an, was wir kennen. Wir lieben das, was wir gewohnt sind. Wir fliegen auf den, der mit unseren Mustern vertraut ist. In der späteren Beziehung muss es nicht zur Zerreißprobe kommen, wenn sich beide ihre Aktionsmuster bewusst machen. Nur was ich erkannt habe, kann ich ändern. Nur was ich verstanden habe, kann ich korrigieren. Die Ahnungslosigkeit führt zu Problemen. Die Unbewusstheit ruft die Belastungen hervor.

Welche fünf Eigenschaften finden Sie beim Partner faszinierend?

Wenn zwei Menschen sich kennen lernen, gibt es auf Anhieb blitzartige Übereinstimmungen, die beide anziehen. Wir fliegen auf Eigenschaften, die in uns ein lebhaftes Echo hervorrufen. Jeder Mensch fährt auf andere Eigenschaften ab.

Wie lauten die drei wichtigsten Eigenschaften des Partners, die Sie beim Kennenlernen als positiv erlebten? Wenn Sie noch keinen festen Partner haben, aber schon mal eine lose oder engere Beziehung hatten:
- Welche drei Muster sind für Sie entscheidend?
- Welche Beziehungserfahrungen können Sie in eine neue Beziehung einbringen?
- Lieben Sie mehr dominante oder mehr anlehnungsbedürftige Personen?
- Möchten Sie selbst führen und bestimmen?
- Bevorzugen Sie mehr temperamentvolle oder stillere Partner?
- Möchten Sie einen mehr intellektuellen oder mehr praktischen Menschen kennen lernen?

- Spricht Sie ein mehr selbstbewusster oder ein weniger selbstvertrauender Mensch an?
- Fasziniert Sie ein Karrieretyp oder ein mehr häuslicher und mütterlicher Typ?
- Favorisieren Sie einen gesprächsaktiven oder einen mehr nachdenklichen Menschen?
- Wollen Sie in erster Linie ernst genommen werden oder haben Sie es gern, selbst im Mittelpunkt zu stehen?
- Wünschen Sie in erster Linie einen Menschen mit Tiefgang oder bevorzugen Sie einen Partytyp, der sich hervorragend auf gesellschaftlichem Parkett bewegen kann?
- Wünschen Sie eine mehr verbindliche oder eine mehr unverbindliche Beziehung?
- Wollen Sie selbst mitgerissen werden oder neigen Sie dazu, andere Menschen mitzureißen?
- Suchen Sie beim anderen Geborgenheit und Sicherheit oder vermitteln Sie selbst diese Eigenschaften?
- Sind Sie ein Familienmensch oder bevorzugen Sie mehr eine gemeinsame berufliche Zukunft?
- Sind Sie ein unruhiger Typ, der viel Freizeit, Reisen und Ausflüge liebt, oder sind Sie eher sesshaft?

Alle diese Fragen, die vor der Ehe unbeantwortet bleiben, spielen über kurz oder lang in der Beziehung eine Rolle. Verliebte *glauben*, dass Liebe und Verliebtheit alle auftauchenden Schwierigkeiten überbrücken. Genau das ist ein Irrtum. Wer sich unreflektiert und kritiklos auf Beziehungen einlässt, erlebt häufig in der Ehe böse Überraschungen.

Die wichtigsten Eigenschaften, die in der Verliebtheit eine Rolle spielen

Der Frankfurter Medizinprofessor und Psychotherapeut Michael Lukas Moeller hat als Paartherapeut die wichtigsten Eigenschaften aufgelistet, die Paarbeziehungen konstellieren. Aus Hunderten von Gesprächen hat er die Hauptkriterien ermittelt, die Verliebtheit fördern. Es gelang ihm, nicht nur 35 interessante Beziehungsmuster zu benennen, sondern auch auszuloten, in welcher Reihenfolge diese Eigenschaften von Wichtigkeit sind.

Die wichtigsten Eigenschaften, die ich am Partner schätze, sind ...

Rang	Eigenschaft	Beim Partner	Bei mir
1	Offenheit		
2	Freundlichkeit		
3	Selbstbewusstsein	4	
4	Humor	3	
5	Einfühlbarkeit		
6	Lebendigkeit		
7	Ausgeglichenheit		
8	Zuverlässigkeit und Treue		
9	Interesse an mir	5	
10	Positive Einstellung zum Leben		
11	Intelligenz		
12	Natürlichkeit		
13	Ehrlichkeit		

14	Gesprächsfähigkeit		
15	Kreativität		
16	Geduld		
17	Geborgenheit		
18	Flexibilität		
19	Christliche Überzeugungen	1	
20	Vergebungsbereitschaft	2	

Hinweise für den Selbsterforschungsfragebogen

1. Es handelt sich also um Eigenschaften und Einstellungsmuster, die von Verliebten als Hauptfaszination beim Partner beschrieben wurden. Die Reihenfolge 1–15 zeigt an, welche Eigenschaften in erster Linie gewünscht wurden.

2. Bitte kreuzen Sie an, welche 5 Eigenschaften Sie am Partner am meisten schätzen. Versuchen Sie auch, die 5 Eigenschaften von 1–5 zu gewichten.

3. Bitte kreuzen Sie auch an, welche 5 Eigenschaften Sie selbst kennzeichnen.

4. Diese Liste hilft Ihnen, Ihre Wahl und Ihre Wünsche an den Partner deutlicher zu kennzeichnen. Die Liste hilft Ihnen aber auch, Ihre eigenen Eigenschaften besser einzuschätzen.

5. Bitte begründen Sie, warum diese Muster des Zusammenlebens eine solche Bedeutung für Sie haben. Die Begründungen, die Sie formulieren, helfen Ihnen, den Ernst der Auswahl zu bestätigen.

6. Überprüfen Sie anhand des Fragebogens, welche Beziehungsmuster bei bisherigen Beziehungen eine Rolle spielten.

- Welche Eigenschaften erfüllten die Partner, mit denen Sie einmal verbunden waren?
- Welche Eigenschaften fehlten bei Partnern, mit denen Sie einmal verbunden waren?
7. Auf welche Beziehungsmuster wollen Sie bei zukünftigen Partnerschaften auf keinen Fall verzichten?

Seien Sie zufrieden und kritisch zugleich

Zufrieden und kritisch – beide Eigenschaften kennzeichnen einen ausgeglichenen Menschen. Je ausgeglichener wir sind, desto partnerschaftsfähiger sind wir. Je zufriedener wir sind, desto kritischer dürfen wir uns gegenüber sein. Was kennzeichnet einen zufriedenen Menschen?

– Er ist mit sich, seiner Arbeit, seinen Beziehungen und mit seinem Leben einverstanden.
– Er macht sich nicht verrückt, wenn ihm Fehler unterlaufen.
– Er kann abschalten, genießen und seine Hobbys leben.
– Er weiß, dass er als Mensch einen Wert besitzt, und muss nicht durch Leistung und Ehrgeiz den Mitmenschen seinen Wert beweisen.
– Er weiß als Christ, dass er von Gott geliebt wird, und muss sich nicht täglich seine Liebe neu verdienen.
– Er nimmt Kritik dankbar an und reagiert nicht äußerlich oder innerlich tief verletzt.
– Er geht auch mit anderen barmherzig und verständnisvoll um und kann andere Menschen loben.

Wer diese Zufriedenheitskriterien aufweist, kann sich auch kritisch begegnen. Wenn seine Lebenseinstellung Mängel zeigt und seine Handlungen unzulänglich sind, verfügt er über genügend Selbstkritik, an den Defiziten zu arbeiten. Er ist kein Fehlersucher. Seine Einstellung ist nicht fehlerorientiert. Er handelt auch nicht zwangsneurotisch, jede Schwäche mit Stumpf und Stil auszurotten. Zu keiner Zeit liegt er mit sich im Krieg.

Seine Zufriedenheit ist nicht realitätsfremd und oberflächlich. Er sieht seine Schwächen und Fehler und geht zielstrebig und ruhig an die Korrektur heran. Wer diese beiden Eigenschaften besitzt,
– ist souverän,
– lebt gelassen und
– ist im besten Sinne partnerschaftsfähig.

Zufriedenheit oder Unzufriedenheit sind Eigenschaften, die Verliebte deutlich überprüfen sollten. Unzufriedenheit mit sich selbst und mit anderen ist ein selbstzerstörerisches und die Gemeinschaft zerstörendes Einstellungsmuster. Der Unzufriedene wird bewusst oder unbewusst
– zum Nörgler,
– zum Kritikaster,
– zum Miesmacher und
– zum Zerstörer jeder Harmonie.

Unzufriedenheit ist ein zersetzender Bazillus. Wer mit dieser Lebensgrundeinstellung eine Partnerschaft eingehen will, sollte sich *zuvor* in Beratung, Therapie oder Seelsorge begeben, um diese destruktiven Beziehungsmuster zu korrigieren.

- Wie zufrieden oder unzufrieden sind Sie mit sich selbst?
- Leiden Sie unter Ihren Schwächen und Fehlern? Oder können Sie sie ertragen und arbeiten ruhig und gelassen an ihrer Korrektur?
- Wie hart gehen Sie täglich mit sich ins Gericht?
- Wenn Sie sehr selbstkritisch sind, nehmen Sie auch Ihren Partner sehr kritisch unter die Lupe?
- Sind Sie stärker fehler- oder erfolgsorientiert? Wie wirkt sich das auf Ihre Partnerschaft aus?
- Wie stark reagieren Sie auf Fremdkritik?
- Was ist, wenn Sie mit sich und anderen unzufrieden sind? Wie schätzen Sie dann Ihre Liebesfähigkeit ein?

Zufriedenheit

Ein Selbsterforschungsfragebogen

	Stimmt	1-2-3-4-5-6-7	Stimmt nicht
Über den Tag hinweg fühle ich mich meist müde und abgespannt.		5	/
Mein Leben erscheint mir im Allgemeinen als langweilig.			/
Der christliche Glaube gibt mir wenig Kraft und Zuversicht.		?	
Meine täglichen Aktivitäten sind meist unbefriedigend.		4	
Ich erwarte von meinem Alltag, dass er gleichförmig und routiniert verläuft.		4	
Wenn ich über mein Leben nachdenke, habe ich den Eindruck, es hat keinen tiefen Sinn.			/
Die Gemeinde, der ich angehöre, vermittelt mir keine Geborgenheit und kein Zuhause.			/
Mein Leben war bisher eher unproduktiv.			/
Meine tägliche Arbeit bereitet mir keine rechte Freude.		4.	
Ich wollte, ich wäre ein anderer Mensch.	/		
Ich habe keine Hobbys, die mir Freude machen.			/

	Stimmt	1-2-3-4-5-6-7	Stimmt nicht
Ich habe keine klaren Ziele für mein weiteres Leben.			
Wenn ich über mein weiteres Leben nachdenke, kommt mir vieles nutzlos vor.			
Wenn mir oder einem anderen Menschen traurige Dinge passieren, kommt mir das Leben sinnlos vor.		4	
In meinem gegenwärtigen Leben fühle ich mich unzufrieden.		4	
Ich kann mich selten von Herzen freuen.			
Mir gelingt es nicht, schnell mit Problemen fertig zu werden.		4	
Gott hat mir wenig Charismen (Gaben) gegeben.		4	
Meine Lebensumstände kommen mir so vor, als säße ich in der Falle.		4	
Wenn ich an meine Vergangenheit denke, bedaure ich vieles.			
Tief in meinem Innern fühle ich mich ungeliebt.			
Meine Probleme erscheinen mir unlösbar.			
Bei Gott fühle ich mich oft nicht aufgehoben.			

Hinweise für die Anwendung und Auswertung

1. Der Selbsterforschungsfragebogen gibt Aufschluss über Ihre Zufriedenheit und den Sinn im Leben. Wenn Sie ihn offen und ehrlich ausfüllen, entdecken Sie Ihre Schwächen und Ihre Stärken.

2. Die (1) auf der linken Seite der Skala bejaht die gestellten Fragen in vollem Umfang. Die (4) liegt auf der Mitte. Sie können der Frage nicht zustimmen. Sie können sich auch nicht für das Gegenteil entscheiden. Sie schwanken zwischen positiv und negativ. Wer (6) oder (7) anstreicht, ist voller Energie, ist erfüllt, sieht einen Sinn im Leben und hat einen hohen Grad an Befriedigung.

3. Welche Gesichtspunkte machen Sie froh?
   Welche belasten Sie?
   Welche Gesichtspunkte wollen Sie ins Gebet oder mit einem Seelsorger oder Fachberater in Arbeit nehmen?

4. Sie können den Bogen auch von Ihrem Partner bzw. von einem Menschen, der Ihnen nahe steht, ausfüllen lassen.

5. Je mehr Aussagen Sie mit „stimmt nicht" und zwischen (6) und (7) angestrichen haben, desto zufriedener verläuft wahrscheinlich Ihr Leben.
   Die Beziehung verläuft unproblematisch. Sie können leichter Schwierigkeiten und Missverständnisse ausbügeln.

Wen wählt der Zufriedene?

Meine Beobachtung in Seelsorge und Beratung ist, dass *Gegensätze* sich anziehen. Bei Vorträgen frage ich gern die Zuhörer: „Wer ist davon überzeugt, dass seine Partnerschaft gegensätzlich angelegt ist?" Fast immer melden sich drei Viertel der Zuhörer, die sich als gegensätzlich bezeichnen.

Der Mediziner und Therapeut Dr. Friedrich beschreibt diese Gegensatzwahl so:

„Über 17 Jahre hinweg habe ich beobachten können, dass Menschen, die mit sich und anderen zufrieden sind, dazu neigen, sich in Individuen zu verlieben, die mit sich und anderen unzufrieden sind. (...) Nun könnte man denken, dass dies doch eine gelungene Lösung darstellt, denn ein jeder bringt etwas ein, was dem anderen nicht zugänglich ist. – Weit gefehlt! Ein jeder verstärkt über die Zeit das Verhalten des anderen und keiner bekommt das, wonach er sich bereits seit frühester Kindheit sehnte." [1]

Was ist die Folge?

– Der Unzufriedene strengt sich an. Er kümmert sich um vieles, organisiert manches und kritisiert den zufriedenen Partner.

– Weil der andere zufrieden ist – auch mit dem unzufriedenen Partner –, wird das Ungleichgewicht der Partnerschaft immer größer.

– Der Unzufriedene rackert sich ab, um endlich einmal zufrieden zu sein. Seine Unzufriedenheit aber macht ihn hektisch, ruhelos und zerrissen. Da er von Grund auf mit sich im Kampf liegt, gibt er auch den Kampf mit dem Partner nicht auf. Seine Kritik steigert sich, bis die Partnerschaft zu zerbrechen droht.

Was können zwei Partner tun, die ihre Gegensätzlichkeit erkennen?

Einige Hinweise:

Hinweis 1:
Wir fragen uns, was uns am stärksten angezogen hat.
Ist es nicht so, dass der Redetyp dem Schweiger begegnet?
Wie kommt das? Der Redende braucht einen Zuhörer, und
der Schweiger braucht einen Menschen, der erzählt, der sich
austauscht: Wenn beide ständig reden wollen, geraten sie in
Streit. Wenn beide ständig schweigen wollen, ist Funkstille
in der Partnerschaft. Der Unordentliche, der Chaot, braucht
einen Ordentlichen, der aufräumt, der strukturiert, der Ter-
mine einhält, auf Pünktlichkeit achtet und den Tagesablauf
programmiert. Die unbewusste Anziehung hat einen Sinn.
Sie später zu kritisieren, ist lieblos und offenbart wenig Ein-
sicht.

Hinweis 2:
Wir bemühen uns, die Ergänzung zu sehen.
Wir sprechen häufig von *Gegensätzen*. Warum sprechen wir
nicht von *Ergänzungen*? Unser Schöpfer hat zwei verschiedene Menschen geschaffen, den Mann und die Frau. Sie sollen sich nicht befehden, sie sollen sich ergänzen. Wer die
Gegensätzlichkeit als fruchtbare Ergänzung erkennen kann,
ist in der Lage, seinen Partner zu akzeptieren.

- Seine Andersartigkeit ist sein *Reichtum*.
- Seine Andersartigkeit ist für die Partnerschaft *Bereiche-rung*.
- Seine Andersartigkeit ist eine notwendige *Ergänzung*.
- Seine Andersartigkeit belebt und *fordert heraus*.

Hinweis 3:

Nicht die Tatsachen entscheiden über unser Leben, sondern wie wir sie deuten.

Diesen Satz finden wir schon in der Stoischen Philosophie, aber auch in der Bibel. Wir entscheiden, ob wir eine Sache positiv oder negativ deuten. Wir haben es in der Hand, wie wir eine Situation beurteilen. Paulus macht uns im Römerbrief mit dieser Denkweise vertraut, wenn er schreibt: „Zwar steht für mich unerschütterlich fest, dass es nichts gibt, durch dessen Berührung der Mensch vor Gott unrein wird. Ich kann mich dafür auf Jesus, den Herrn, berufen. Aber wenn einer davon überzeugt ist, dass ihn etwas unrein macht, dann ist es für ihn auch unrein." (Römer 14,14)

Auch meine Frau und ich sind grundverschieden. Je mehr wir beide den anderen in seiner Andersartigkeit achten und die Ergänzung als eine gottgewollte Chance begreifen, desto inniger wird unsere Liebe. Wer die Andersartigkeit als destruktive Gegensätzlichkeit versteht, spielt sich selbst zum Pharisäer auf und untergräbt die Partnerschaft. Der lebendige Gott hat unsere Originalität gewollt.

Hinweis 4:

Welche fragwürdigen Motive können den Erfolg der Partnerwahl gefährden?

Es gibt in der Tat fragwürdige Motive, die die Partnerwahl belasten. Ein solches fragwürdiges Motiv lautet:

- Ich entscheide mich für diesen Partner *aus Mitleid*. Mitleid ist eine positive christliche Tugend. Aber sie sollte kein Motiv für die Partnerwahl sein. Mitleid kann eine kurze Zeit Menschen motivieren, einen wertvollen Dienst der Nächstenliebe zu tun. Aber Mitleid ist kein Ehemotiv.
- Ich will den Partner *retten*. Vielleicht ist er drogensüchtig oder Alkoholiker. Vielleicht gelingt es aus Liebe, ihn um-

zustimmen und ihn von der Sucht zu befreien. Helfer und Retter sollten sich in der Drogenszene engagieren, in Abstinenzverbänden mitarbeiten. Hier wird ihre Hilfe gebraucht. Hier ist sie angebracht. In Partnerschaft und Ehe ist der Retter-Gedanke fehl am Platz. Die Ehe ist kein Sanatorium.

– Ich hänge mich an einen Partner, um dem Elternhaus zu *entfliehen*. Nicht wenige Partner fliehen aus dem Elternhaus. Die Gründe sind verschieden. Die einen wollen nicht mehr wie kleine Kinder behandelt werden. Sie fühlen sich manipuliert und gegängelt. Andere leiden unter der Abhängigkeit von Vater und Mutter und wollen sich endlich losreißen. Ist die Abnabelung vom Elternhaus nicht vollzogen, geraten die Flüchtenden von einer Abhängigkeit in die andere. Wirkliche Partnerschaft beinhaltet, dass zwei unabhängige Menschen sich füreinander entscheiden.

Die Verliebtheitsfalle

Die Verliebtheit ist etwas Wunderbares. Gott hat sie in unser Leben gebracht. Sie gehört zum Leben, zur Partnerschaft und zur innigen Zweisamkeit. Aber in ihr schlummert auch etwas Betäubendes. Sie berauscht, vernebelt den klaren Verstand. Das gesamte Lebensgefühl ändert sich: Der Mensch schwebt. Alles ist schön, leicht und beflügelt.

- Die *Realität* wird teilweise ausgeblendet.
- Das *Leben* wird idealisiert.
- Die *Gefühle* tanzen Ringelreihen.
- Die *Stimmung* ist euphorisch.

Selbst wenn Sie diese Beschreibung für übertrieben halten, müssen nüchterne Fragen an das Sich-Verlieben gestellt werden.

- Was sind die Schattenseiten der Verliebtheit?
- Wo liegen die Fallgruben beim „Verknalltsein"?
- Warum zerbrechen Romanzen so leicht?
- Welche Lebensirrtümer spielen mit?
- Sind überschwängliche Verliebtheitsgefühle nicht verlässlich?

Entscheidend ist, dass wir die geheimnisvollen Motive der Verliebtheit verstehen. Wir müssen begreifen, welche versteckten Kräfte aus der Tiefe unserer Persönlichkeit die Wahl beeinflussen. Wer sich rückhaltlos auf seine Liebesgefühle verlässt, gleicht einem Bergwanderer, der das erste Mal ohne Bergführer ins Gebirge aufsteigt und sich lediglich auf seine Gefühle verlässt, die ihm zuverlässig sagen, welche Schritte er gehen soll. Viele halten die Verliebtheit für den großen Auftakt zur Liebe. Im Grunde ist Verliebtheit eine Falle, in die wir wie Blinde hineintappen.

Der Arzt und Therapeut Bernd Friedrich schreibt:
„Nach zwei, drei Jahren Hausarzttätigkeit wurde mir bewusst, wie ineffektiv ich im Grunde arbeitete. Trotz all meiner Bemühungen blieben die meisten der bei mir um Rat und Heilung Suchenden weiterhin krank. Die Neurodermitiker mussten sich unaufhörlich weiter kratzen und dadurch ihre Haut zerstören. Die Asthmatiker rangen weiterhin um Luft; die Leute mit der Colitis ulcerosa (blutige Dickdarmdurchfälle) blieben bei ihren 10–20 Stuhlgängen pro Tag usw.
Bei meinen Hausbesuchen war mir immer wieder aufgefallen, wie feindselig die einzelnen Familienmitglieder miteinander umgingen. Wenn meine Beobachtung stimmte – das wurde mir bald klar –, konnte meine auf die Symptome konzentrierte Behandlungsweise hier nichts ausrichten. Im Sinne einer echten Gesundheitsvorsorge schien es von Interesse, dass ‚die Richtigen' in der Ehe zusammenfinden, die auch nach Jahren noch einen liebevollen Umgang miteinander pflegen." [1]

Der Arzt geht davon aus,
… dass viele Menschen den falschen Partner geheiratet haben und dann sich und anderen das Leben schwer machen;
… dass viele sich durch falsche Wahl mit Krankheiten belasten;
… dass die Schwere der Erkrankung mit der Feindseligkeit

im Umgang mit anderen in direktem Zusammenhang steht;

... dass viele am liebsten niemals geheiratet hätten oder mit dem Gedanken an eine Scheidung gespielt haben.

Mit Verliebten ist schwer zu reden. Verliebte sind so verknallt und realitätsfern, dass alle Gespräche – häufig – wie Erbsen wirken, die man gegen eine Wand wirft und die zurückprallen.

Der Verliebte kann die Probleme nicht sehen.

Der Verliebte will die Probleme nicht sehen.

Der Verliebte interpretiert in den anderen Charaktereigenschaften hinein, die jeder Grundlage entbehren.

Der Verliebte sieht einen Aspekt der Beziehung, der stimmig ist. Die übrigen Aspekte werden übersehen, zugedeckt, überspielt und verdrängt, bis sie bei längerem Zusammenleben umso auffälliger negativ in Erscheinung treten. „Verliebtheit ist Schwachsinn!", kommentierte scharf und bissig der spanische Philosoph und Schriftsteller Ortega y Gasset.

Liebe auf den ersten Blick

Die „Liebe auf den ersten Blick" steht bei vielen Zeitgenossen hoch im Kurs. Man hört viel Romantisches und Rührendes darüber. Und doch endet sie vielfach mit Kummer und Enttäuschung. Das Mädchen, das den Mann seiner Träume, und der Mann, der seinen Typ liebt oder sein Jugendideal heiratet, werden oft in der Ehe unglücklich, und am Ende ihrer leidenschaftlichen „Liebe" steht die Scheidung.

Idealbilder, Typen und Idole können durch Kommunikationsmittel vermarktet werden. Plötzlich schwärmen Tausende für hochgekommene Stars. Teenager hängen sich die einschlägigen Poster über ihre Betten und tapezieren damit die Wände in Großformat. Ihr Traum hängt an der Wand. Oder der Fernsehsender RTL züchtet neue Superstars, die von Tausenden von Fans angehimmelt werden.

Was geht hier vor? Welche Kräfte sind hier am Werk? Die Liebe auf den ersten Blick beruht auf einer affektiven Resonanz. Es ist daher kein Wunder, dass sich der erste Eindruck bestätigt, denn der Beobachter kann ja nichts anderes herausfinden, als was er vorher wahrgenommen hat. Er kann nichts anderes sehen, als was er sehen will. Es gibt Menschen, die davon überzeugt sind, dass Liebe auf den ersten Blick *instinktsicheres* Handeln sei. Man müsse sich auf die *innere Stimme*, die unfehlbar die Richtung zeige, verlassen. Aber mit dieser Theorie sollte man aufräumen. Die meisten Forscher sind der Meinung, dass der Mensch nur verkümmerte Instinkte besitzt. Auf sie kann er sich nicht verlassen.

Die große Liebe, die uns wie ein Blitzschlag treffen kann, ist nicht selten das plötzliche Wieder-bewusst-Werden eines Bildes aus Kindertagen. Es gibt unzählige Möglichkeiten dieses Wieder-bewusst-Werdens:

– körperliche Ähnlichkeiten
– vertraute Bewegungen
– vertrautes Lachen
– physische Auffälligkeiten.

All diese Dinge können eine lebhaft erotische Resonanz auslösen, können eine Anziehung hervorrufen. Die Liebe auf den ersten Blick entflammt weniger am Charakter des Menschen, sondern oft an seiner körperlichen Ausstrahlung. Geruch, Ton, Stimme, Figur, Haarfarbe, Brüste und Augen können diesen Effekt auslösen. Es handelt sich in der Regel um unbewusste und uneingestandene Idealvorstellungen, die im Augenblick eine partielle Wunscherfüllung anbieten.

Die Liebe auf den ersten Blick wurde auch vom Berliner

Forsa-Institut im Jahre 2002 untersucht.[2] Das Ergebnis bestätigt, was viele Menschen vermuten: 73 Prozent der Frauen und 63 Prozent der Männer machten Sympathie oder Antipathie in der Beziehung vom ersten Blick abhängig. Für die Studien wurden rund 1000 Männer und Frauen befragt. Nach dieser Untersuchung spielt „Schönheit" für Männer eine viel größere Rolle als für Frauen. Nur 16 Prozent der Frauen sagten, dass Männer mit „einem schönen Gesicht" ihre Wege in erster Linie beeinflusst hätten.

Verliebtheit als Problemlöser

Der große englische Schriftsteller George Bernard Shaw, ein beißender Ironiker, sagte den schönen Satz: „Liebe auf den ersten Blick ist ungefähr so zuverlässig wie eine Diagnose auf den ersten Händedruck."
Viele Zweierbeziehungen beginnen mit Verliebtheit. Ein Gefühlssturm fegt über zwei Verliebte hinweg, sie sind voneinander begeistert. Eine unbewusste Erwartung wird erfüllt. Wie kann sie lauten?
„Ich bin einsam. Schulisch oder beruflich ist bei mir nichts los. Ich stecke in einer Sackgasse."
Der junge Mann bemitleidet sich. Er braucht dringend Bestätigung und Anerkennung. Da begegnet er seiner Eva. Sie strahlt ihn an. Zwei Herzen schlagen schneller. Zwei Menschen machen der Einsamkeit, die unter Umständen beide belastet, ein Ende. Sie schwärmen füreinander. Beide finden ein Ventil für ihre Einsamkeit. Eine Zeit lang sind sie zufrieden. Die Sorgen, die Schule und Beruf machen, sind verflogen. Die Verliebtheit hat die Probleme zugedeckt. Die Verliebtheit wirkt wie ein Alkohol- oder Drogenrausch. Der Alltag wird für Stunden erträglich. Beide treffen sich häufi-

ger, der Rausch wird gesteigert, um die Alltagssorgen zu betäuben. Und darum erleben viele Verliebte ihre Begegnung wie eine Ekstase. Die Euphorie triumphiert. Beide steigern sich in den Rausch. Beide verlieren den Bezug zur Realität. Kommt dann noch ein Kind oder beide stürzen sich in Schulden, um sich ein schönes Zuhause einzurichten, dann ist die Enttäuschung umso größer. Die Ernüchterung hat den Himmel, der voller Geigen hing, von aller Romantik leergefegt. Die Verliebtheit hat für eine kurze Zeit den traurigen Alltag verschönt, aber sie entpuppte sich als ein leidenschaftliches Strohfeuer und hat mit wirklicher Liebe nichts zu tun. Verliebtheit ist romantisch und beglückend, aber ein klarer Kopf ist hilfreicher. Verliebtsein ist ein prickelndes Gefühl, aber es macht blind für die wahre Liebe.

*

Was ist an der Verliebtheit positiv?

Als Eheberater weiß ich, dass selten Verliebte Seelsorge oder Beratung beanspruchen. Sie sind glücklich und schweben durchs Leben. In der Regel haben wir es mit Menschen zu tun, die die Verliebtheitsphase längst hinter sich haben, die über Langeweile klagen, Gleichgültigkeit in der Beziehung spüren und sich über sexuelle Probleme Gedanken machen. Weil die Partner enttäuscht sind, sind sie auch in Gefahr, die Verliebtheit zu verteufeln, ihre kindische Verblendung zu bedauern und die Verliebtheit als unreife Romanze zu entwerten.

Professor Jörg Willi, der Züricher Paar- und Familientherapeut, schreibt positiv über die Verliebtheit:

„Verliebtsein bricht die Person auf. Im Verliebtsein öffnet sie das Herz, ihre innerste Kammer, lässt ihre bisher geheim gehaltene Sehnsucht, Hoffnung und Erwartung hervorbrechen. (...) Verliebte möchten das Geheimnis des anderen entdecken, ihm in die geheimste Kammer seiner Seele nachfühlen, sie möchten dahin gelangen, wo noch niemand war, den anderen in einer Weise verstehen, wie er es selbst nie erfahren hat. Keineswegs sind Verliebte nur blind für die ‚Fehler' des anderen. Sie sehen die ‚Fehler', aber statt davon gestört zu sein, lieben sie den anderen gerade deretwegen." [3]

Ich möchte einige positive Aspekte des Verliebtseins so zusammenfassen:

– Verliebte verstehen es, die Herzenskammer des anderen aufzuschließen und ihm sehr nahe zu sein.
– Verliebte verstehen es, einander zu motivieren und Prüfungen, Arbeitsverhältnisse, Studien und andere Beschwernisse leichter zu bewältigen.
– Verliebte sind nicht blind für die Fehler des anderen, aber ihre Liebeskraft ermöglicht es ihnen, die Fehler zu ertragen.
– Verliebte verstehen es, alle Wunden heilen zu lassen, Verletzungen zu vergessen und neuen Mut zu schöpfen.
– Verliebte leben innerlich aufeinander bezogen und tragen den Partner dauernd in sich. Beide führen einen dauernden inneren Dialog miteinander.
– Verliebte sind so aufeinander bezogen, dass sie alles Trennende und Störende miteinander überwinden.
– Verliebte sind voller Optimismus und überzeugt, alle Hindernisse überwinden zu können.
– Verliebte haben den Eindruck, alles ertragen zu können. Dieser Mut zum Wagnis stärkt eine mögliche Liebesgemeinschaft.
– Verliebte lernen, mehr über sich und ihre Gefühle zu sprechen. Sie suchen im Gespräch Einfühlung, Verständnis und Zärtlichkeit.

- Verliebte erzählen sich rasch die intimsten Dinge und streben ein möglichst hohes Maß an Offenheit an.
- Verliebte verstehen es, sich gegenseitig zu öffnen. Sie können sich gegenseitig erschließen.
- Verliebte versuchen, ineinander aufzugehen. Jeder dringt in den anderen und versucht, dessen Denken und Fühlen zu erforschen und auf das eigene abzustimmen.
- Verliebte bestätigen sich, dass sie alles gleich sehen, sich über dasselbe freuen oder aufregen und sich für dasselbe interessieren.
- Verliebte, die sich über einen längeren Zeitraum gut verstehen, ohne sich selbst etwas vorzumachen, haben statistisch eine gute Chance, eine zufrieden stellende Ehe zu führen.

Diese beschriebene Form des Verliebtseins bezieht sich auf Paare, die über längere Zeit miteinander befreundet sind. Menschen, die sich jeden Tag und an jeder Ecke in andere Personen verlieben können, sind nicht gemeint.

Verliebtheit als Ekstase

Dass zwischen Liebe und Verliebtheit Unterschiede bestehen, macht eine alte Spruchweisheit deutlich: „Verliebtheit macht blind." Was wollen wir damit sagen? Der Jugendliche liebt mit geschlossenen Augen. Fehler, Schwächen und schlechte Charaktereigenschaften des Partners werden oft registriert, aber nicht ernst genommen. Die Gefühle sind zu stürmisch und überlagern das Bewusstsein, so dass der andere so, wie er wirklich ist, gar nicht wahrgenommen wird. Da die Liebe ein vielfältiges Phänomen ist, hilft uns eine so genannte objektive Beurteilung nicht weiter. Wir müssen die

Hintergründe ableuchten, um den verborgenen Wünschen und Sehnsüchten auf die Spur zu kommen, die die Wahl beeinflussen.

Der oder die Verliebte ist in einem Trancezustand. Henry Miller, ein amerikanischer Schriftsteller, der in seiner Jugend ein abenteuerliches Leben führte, als Rebell gegen die Zivilisation begann und vier Ehen hinter sich hat, schreibt über Liebe und Verliebtheit: „In den frühen Stadien jener Tollheit, die sich Liebe nennt, während man noch zwischen Ekstase und völliger Verzweiflung hin- und herschwankt, ist es natürlich, die Geliebte als das Ein und Alles zu betrachten. Wir tun das trotz vorangegangener Erfahrungen, trotz aller innerer Warnungen. Wir hoffen und beten, dass der Gegenstand unserer Zuneigung und wir selbst innerlich wachsen und wachsen mögen, wie auch die Liebe selbst wächst. (...) Wir betrügen uns mit dem Gedanken, dass dieses unglaubliche innere Wachstum sich in dem Maße einstellen wird, in dem wir unsere Liebe offenbaren."[4]

Vielfach spricht man von Liebe, wo nur von Leidenschaft und Verliebtheit die Rede sein dürfte. Verliebtheit kann sich freilich wie Liebe auswirken, sich bis zur Tollheit steigern – ein Hin- und Herschwanken zwischen Ekstase und Verzweiflung. „Himmelhoch jauchzend – zu Tode betrübt", so könnte man diesen seelischen Ausnahmezustand umschreiben. Dass Verliebtheit gewissermaßen eine Bewusstseinstrübung darstellt, zeigt sich auch an unserem Sprachgebrauch: „Sie ist verknallt!"

Noch einmal der spanische Philosoph Ortega y Gasset, er formuliert unmissverständlich:

„Die Verliebtheit ist ein Zustand seelischer Armut, der das Leben unseres Bewusstseins verengt, verödet und lähmt. Es ist also keine Rede von einer Bereicherung unseres Seelenlebens. Ganz im Gegenteil. Das Bewusstsein verengt sich und enthält nur noch einen Gegenstand. Lassen wir die romantischen Gesten und erkennen wir in der Verliebtheit einen untergeordneten Geisteszustand, eine Art vorübergehenden Schwachsinns. Ohne eine geistige Verstellung könnten wir uns nicht verlieben. Ist der Prozess der Verliebtheit einmal im Gang, so läuft er mit verzweifelter Eintönigkeit ab. Alle, die sich verlieben, verlieben sich auf die gleiche Art – die Klugen und die Dummen, die Jungen und die Alten, die Bürger und die Zigeuner ... Es (das Mädchen) ist wie benommen und versunken und betrachtet in seinem Inneren das Bild des Geliebten, das ihm immer gegenwärtig ist. Diese Versunkenheit gibt den Verliebten den Anschein von Traumwandlern, von Mondsüchtigen, von Bezauberten. Und in der Tat, die Verliebtheit ist eine Bezauberung." [5]

Häufig reagieren die empörten und resignierten Eltern so:
„Unser Sohn hat ein Brett vor dem Kopf!"
„Er schwebt."
„Er ist zeitweise geistesabwesend."
„Er hat die falsche Brille auf."
„Er sieht alles rosa."
Für das Mädchen kann das Gleiche gelten.

Verliebtheit als Selbsttäuschung

Wenn wir die Verliebtheit in Frage stellen, rebellieren junge Menschen. Sie fühlen sich nicht verstanden. Sie sprechen vom Neid der Erwachsenen. Die Älteren gönnen ihnen ihrer Meinung nach nicht das berauschende Gefühl des Verliebtseins. Ist aber mit dem Verliebtsein eine Sinnestäuschung möglich, müssen wir genau untersuchen, womit sie zusammenhängt, um sie bei einer möglichen Partnerschaft auf ein Minimum zu reduzieren.

Ich habe nicht die Illusion, die Verliebtheit so gründlich entlarven zu können, dass kein junger Mensch, der sich ernsthaft mit dieser Selbsttäuschung befasst, noch auf sie hereinfällt. Verliebtheit ist ein prickelndes Gefühl, es hängt nicht von der Fähigkeit der eigenen Liebe ab, sondern von der reizvollen, anziehenden, betörenden und beeindruckenden Art, Haltung und Erscheinung des anderen.

Welche Wünsche verbergen sich hinter den Fragen:
Ist der Partner genügend attraktiv, kann er meine sozialen Ansprüche erfüllen, ist er genügend sexy, um meine Liebesgefühle neu entfachen zu können?
Ist er intelligent genug und hat er entsprechende Manieren, dass man bei Freunden, Bekannten, Geschäftsfreunden, Arbeitskollegen, Nachbarn und Verwandten bestehen kann?
Mit anderen Worten, es muss an dem anderen liegen und hängt von dem Partner ab, ob die Liebe geweckt und erfüllt ist. Dass das Objekt der Liebe und nicht die eigene Fähigkeit zu lieben überbewertet wird, hängt mit der gegenwärtigen Konsumgesellschaft zusammen, die darauf abgestimmt ist, ständig unsere Kauflust zu reizen, unsere Begierden in jeder Hinsicht zu entfachen. Je attraktiver eine Frau ist, die zudem noch dem jeweils propagierten und bevorzugten „Modell" entspricht, desto besser.

In einer Kultur, in der das kommerzielle Denken vorherrscht und in der der materielle Erfolg von überragendem Wert ist, gibt es eigentlich keinen Grund, davon überrascht zu sein, dass die menschlichen Liebesbeziehungen den gleichen Grundzügen folgen, die den Waren- und Arbeitsmarkt beherrschen. Trotz der tief verwurzelten Sehnsucht nach

Liebe hält man fast alle übrigen Dinge für wichtiger als sie: Erfolg, Prestige, Geld, Macht. Beinahe unsere ganze Energie verwenden wir darauf, zu lernen, wie man diese Ziele erreicht. Der Mensch benutzt die Gefühle der Liebe und der Verliebtheit dazu, um seinem persönlichen Lebensstil gerecht zu werden. Der verliebte Mann ist Reizen verfallen und er möchte diese Reize genießen. Er möchte etwas für sich haben. Das geliebte Wesen dient ihm dazu, seine Wünsche zu befriedigen. So kann die eingebildete Liebe ein Gebräu aus verletztem Stolz, Geltungssucht, Einsamkeit, Prestigedenken, Geborgenheitsgefühl und Anerkennungssucht sein.

Verliebtheit und sexuelle Anziehung

Ein weiterer Gesichtspunkt ist, dass eine schnell herbeigeführte sexuelle Beziehung das Gefühl der Verliebtheit steigert. Sexuelle Anziehung gaukelt Liebesgefühle vor, aber die Ent-Täuschung wird oft schnell greifbar.

Dieses Wunder der plötzlichen Vertrautheit wird häufig dadurch gefördert, dass es mit sexueller Anziehung und Vereinigung verbunden ist und durch sie überhaupt erst ausgelöst wird. Diese Art der Liebe ist jedoch ihrem ganzen Wesen nach nicht von Dauer. Die gegenseitige Vertrautheit verliert immer mehr von ihrem einzigartigen Charakter, bis Auseinandersetzungen, Enttäuschungen und gegenseitige Langeweile alles abtöten, was von dem anfänglichen Reiz übrig geblieben ist.

Warten zu können, gehört in der heutigen Zeit nicht zu den Tugenden, die junge Menschen lernen.

„Ich will alles, und zwar sofort." Das ist das Bedürfnis vieler Heranwachsender. Leider lassen sich viele Mädchen „erpressen" und manipulieren und geben den Wünschen der männlichen Jugendlichen nach.

Wo liegen die Fehler?

– Unsere Gesellschaft praktiziert eine unvorstellbare Toleranz, die es jungen Menschen ohne Schwierigkeiten ermöglicht, Verliebtheit in sexuellen Beziehungen auszuleben.

– Junge Menschen konzentrieren sich auf sexuelle Beziehungen, die einen Großteil des Zusammenseins der beiden ausmachen.

– Sie verlieren die Möglichkeit, sich gründlich seelisch und geistlich kennen zu lernen.

– Sie praktizieren eine Lebensabschnittspartnerschaft, die jederzeit beendet werden kann, wenn die Gefühle nicht mehr stimmen. Ihnen gelingt es nicht, die Grundlagen, die für eine verbindliche Partnerschaft von Nöten sind, ernsthaft zu prüfen.

Verliebtheit und die Chemie

Verliebtsein ist ein globales Phänomen. Früher glaubte man, nur in den westlichen Ländern seien Probleme der Verliebtheit besonders auffällig. Heute weiß man, dass überall auf der Welt die Verliebtheit ein universelles Problem ist. Auch die Intensität der leidenschaftlichen Liebe ist weltweit gleich.

Verliebtsein ist ein leidenschaftliches Gefühl der Menschen. Schon der Gedanke an den Geliebten oder die Geliebte ruft einen intensiven physiologischen Erregungszustand hervor. In einer kleinen Hirnregion wird das schönste aller Gefühle produziert, wie ein Schweizer Neurowissenschaftler feststellte. Seine Testpersonen sahen sich Porträts ihrer Liebsten an. Der Neurowissenschaftler erstellte ein Bild über den Kernspintographen. In einer kleinen Hirnregion wurden Emotionen und Glücksgefühle im Menschen geweckt. Diese Regionen sind für die Ausschüttung von Neurotransmittern wie Dopamin oder Endorphinen verantwortlich. Endorphin ist eine körpereigene Droge, die Euphorie auslöst und Schmerzen lindert. Der Organismus ist energetisch voll in Fahrt. Die Erregung ist sehr hoch, der Appetit sinkt und das Schlafbedürfnis nimmt ab. Gleichzeitig wird durch das Dopamin die sexuelle Erregbarkeit erhöht und durch die Ausschüttung von Phenylethylamin die Stimmung verbessert. Phenylethylamin ist eine geheimnisvolle Substanz, sie steigert die Energie. Die Verliebten haben den Eindruck, sie könnten Bäume ausreißen. Sie trauen sich verrückte Dinge zu. Gott scheint über das wunderbare Zusammenwirken von glücklich machenden Substanzen dafür sorgen zu wollen, dass der Mensch nicht ausstirbt. Zweifellos hat Verliebtheit mit Chemie zu tun. Im Körper laufen geheimnisvolle Prozesse ab, die Gott der Schöpfer in seiner Weisheit programmiert hat. Diese überbordenden Gefühle, die den Verliebten in Ekstase versetzen können, haben leider den großen Nachteil: Ist der Geliebte oder die Geliebte nicht da, hat der Verlassene oder die Verlassene das Gefühl, krank zu werden. Der Verliebte bekommt wie der Drogenabhängige Entzugserscheinungen. Diese Glücksgefühle und diese Euphorie sind so extrem, dass der normale junge Mensch nicht in der Lage ist, nüchtern und realistisch die Beziehung einzuschätzen.

Wer in der überschäumenden Verliebtheit wahre Liebe erkennen will, ist einer Fata Morgana aufgesessen. Die Gefühle spielen verrückt. Die überschwänglichen Gefühle lassen keinen Platz für Mängel, für Defizite und Schwachstellen

des Partners zu. Und diese Besinnungslosigkeit macht die Verliebtheit gefährlich. Zwei Menschen sind fasziniert voneinander, fühlen sich auf Wolke siebzehn und sind für nüchterne Einwände kaum empfänglich. Ja, man kann aus Erfahrung sagen: Je euphorischer zwei Menschen am Anfang ihrer Beziehung waren, desto enttäuschter sprechen sie nach kurzer Zeit über ihre Beziehung. Chemische Prozesse verdunkeln die Realität. Die Beziehung braucht unbedingt Erholungspausen, wo die Ströme der Verliebtheit abgeflaut sind. Wie sagte William Shakespeare in „Der Kaufmann von Venedig":
„Doch Liebe ist blind. Verliebte sehen nicht das schöne Narrenspiel, das sie selbst spielen." Wunderbar von Shakespeare beobachtet. Verliebte sind in der Tat blind, sie glauben an ihre Gefühle und nicht an ihr „Narrenspiel".

Verliebtheit – Basis der Ehe?

Für feste Beziehungen spielt offensichtlich die Verliebtheit eine herausragende Rolle. Wie groß der Faktor Verliebtheit ist, machen amerikanische und deutsche Untersuchungen deutlich. [6]
1967 stellte William Kephart 503 amerikanischen Studenten und 576 Studentinnen die Frage:
„Wenn ein Mann (eine Frau) alle Eigenschaften hätte, die Sie wünschen, würden Sie diese Person heiraten, wenn Sie nicht in sie verliebt wären?"
66,4 Prozent der Männer und 24,3 Prozent der Frauen antworteten vor 40 Jahren mit Nein. Seitdem wurde diese Frage immer wieder gestellt, und zwar 1976, 1984 und 1995. Immer mehr Frauen und Männer verneinen die Frage. Heute ist es so, dass 80 Prozent der Männer und Frauen in

den USA niemanden heiraten würden, ohne verliebt zu sein. Auffällig ist auch: Je unabhängiger Frauen in ökonomischer Hinsicht sind, desto wichtiger wird ihnen offenbar das Verliebtsein als Basis der Ehe.

In einigen asiatischen Ländern wird dieses Problem der Verliebtheit anders beantwortet. In Thailand sind es 38,8 Prozent der Menschen, die ohne Verliebtheit eine Person heiraten würden. In Pakistan, einem armen moslemischen Staat, würden sogar 50 Prozent der Menschen ohne Verliebtsein eine Ehe eingehen. Fachleute glauben:

Die wirtschaftlichen Bedingungen bestimmen die Beziehungsmuster. In den reichen Ländern der Welt könne man sich den Luxus der Romantik leisten. Auch eine Untersuchung in Deutschland bestätigt, dass Verliebtheit für die Ehe eine dringende Voraussetzung ist:

„86% der Frauen und 90% der Männer wären nicht bereit, eine Person zu heiraten, die zwar alle erwünschten Eigenschaften aufweist, in die sie aber nicht verliebt sind. Dieser Trend ist bei jungen Menschen noch ausgeprägter als bei älteren. Indische Wissenschaftler haben Ehepaare befragt, von denen einige aus Liebe geheiratet hatten, während die Ehen der anderen arrangiert waren. Anfangs, während der ersten fünf Ehejahre, liebten diejenigen, die aus Liebe geheiratet hatten, ihren Partner leidenschaftlicher, und sie mochten ihn noch mehr als die Befragten der anderen Gruppe. Dann jedoch begann sich das Muster umzukehren. Bei den schon länger Verheirateten liebten Personen, die arrangierte Ehen eingegangen waren, ihren Partner mehr als diejenigen, die ursprünglich aus Liebe geheiratet hatten. Das flüchtige Gefühl des Verliebtseins scheint also offenbar nicht als Basis einer langfristigen und zufrieden stellenden Beziehung zu funktionieren."[7]

Deutlich wird:

– Männer und Frauen lassen sich durch Ersteindrücke faszinieren und interpretieren in die ersten positiven Eindrücke weitere positive Erwartungen hinein.
– Männer und Frauen wollen nicht wahrhaben, dass sie durch chemische Prozesse, die durch Verliebtheit in Gang gesetzt werden, ihre Beziehung viel zu euphorisch und begeistert einschätzen.
– Männer und Frauen unterliegen mit ihrer Verliebtheit einer emotionalen Fehleinschätzung, sonst würde nicht jede dritte Ehe wieder geschieden. In einigen Großstädten und bestimmten Bezirken unseres Landes ist schon jede zweite Ehe in Gefahr.

Was erwarte ich vor der Ehe von der Ehe?

Ein Selbsterforschungsfragebogen

Ich erwarte ...	Stimmt nicht	Stimmt etwas	Stimmt ganz
... dass wir als Mann und Frau ein Herz und eine Seele sind.			
... dass wir alles zusammen und gemeinsam machen.			
... dass wir uns immer einig sind.			
... dass wir uns schon jetzt über Kinder und Kinderzahl verständigen.			
... dass wir gemeinsam stille Zeit halten und gemeinsam beten.			

Ich erwarte ...	Stimmt nicht	Stimmt etwas	Stimmt ganz
... dass wir klären, ob wir beide beruflich aktiv bleiben wollen nach der Heirat.			
... dass wir klären, ob Beruf oder Familie Schwerpunkte der zukünftigen Ehe sind.			
... dass wir klären, wie Führung, Anpassung, Entscheidung und Eigenverantwortung gehandhabt werden.			
... dass wir klären, welche gemeinsamen Hobbys wir haben und pflegen.			
... dass wir klären, wie viel Zeit jeder für seine eigenen Interessen benötigt.			
Ich halte es bei den meisten Fragen für überflüssig, sie vor der Ehe zu klären.			
Ich will mir die Freude an der Ehe nicht durch unnötige Probleme vermindern lassen.			
Ich glaube, dass wir zukünftige Probleme nicht vor der Ehe klären können.			
Ich vertraue unserer Liebe, dass wir ohne vorherige Klärung die spätere Ehe meistern.			
Ich glaube, dass eine richtige Liebe alle Fragen und Probleme vor der Ehe überflüssig macht.			

**Hinweise für den Selbsterforschungsfragebogen
„Was erwarte ich vor der Ehe von der Ehe?"**

1. Der Fragebogen ist *kein* gültiger Ehetest. Er gibt Anregungen, über sich und die zukünftige Ehe nachzudenken. Er soll helfen, den eigenen Standpunkt bewusster zu machen.

2. Jeder Partner füllt vor der Ehe den Bogen für sich aus. Anschließend unterhalten Sie sich über das Angekreuzte. Sie stellen fest, wen bestimmte Fragen in seinem Innern bewegen und wer bisher nicht darüber nachgedacht hat.

3. Wer die ersten vier Fragen mit „stimmt ganz" beantwortet hat, sollte darüber nachdenken, ob seine Erwartungen vielleicht zu hoch sind. Was wollen Sie tun, wenn Differenzen auftauchen? Können Sie wirklich immer ein Herz und eine Seele sein? Können Sie wirklich alles zusammen tun?

4. Die Fragen 5-10 sind erfahrungsgemäß hilfreich. Die genannten ungeklärten Fragen belasten später die Beziehung erheblich. Beruf und Familie sind Hauptkonflikte in der späteren Ehe.

5. Die Antworten 11-15 verraten, wie sorglos und unbekümmert zwei Menschen in die Ehe gehen können. In der Tat: Verliebtheit macht blind. Liebe macht klarsichtig.

   Ist die Liebe wirklich echt und wahrhaftig, können ungeklärte und unvorhergesehene Schwierigkeiten gelöst werden. Auch der christliche Glaube ist eine ernste Kraftquelle, mit Problemen leichter fertig zu werden.

Umgangsmuster in der Ursprungsfamilie beeinflussen die Liebesbeziehungen

Die Eigenarten unserer Liebe,
die Gewohnheiten im Alltag,
die zwischenmenschlichen Umgangsmuster,
die Art, miteinander zu kommunizieren,
die Art, untereinander Konflikte zu lösen, und
die Rollen, die wir im Umgang mit Eltern und Geschwistern gespielt haben, finden wir als Erwachsene, wenn die Liebe uns überfällt, wieder. Unsere Ursprungsfamilie, die unser Denken, Fühlen und Handeln beeinflusst hat, beeinflusst unsere Liebesbeziehungen mehr, als wir wahrhaben wollen. Liebe haben wir durch Eltern, Geschwister und Großeltern kennen gelernt.

Die Art,
– wie wir *Intimität* erleben,
– wie wir *gegenseitige Abhängigkeit* erfahren haben,
– wie wir mit *Dominanz* oder *Unterwürfigkeit konfrontiert wurden*,
– wie uns *Schenken und Beschenktwerden* vermittelt wurden,
– wie wir *Rebellion* und *Nachgiebigkeit* durchlitten haben,
– wie sich *Verantwortungsbewusstsein* und *Verantwortungslosigkeit* herausbildeten,
– wie wir uns als *Vermittler* oder als *Friedensstifter*, als *Sündenbock* oder *schwarzes Schaf* entwickelt haben,
all diese Muster sind im familiären System entwickelt, nach-

gemacht, eintrainiert, aufoktroyiert, erfahren oder auch erlitten worden.

Das Familiensystem hat unser Verhalten so beeinflusst, dass wir in der Paarbeziehung später dieselben Situationen schaffen, mit denen wir im ursprünglichen familiären Zusammenleben konfrontiert wurden. Jedes Kind entwickelt bestimmte Beziehungen zu Vater und Mutter. Das eine Kind identifiziert sich mit der Mutter, übernimmt alle ihre Eigenarten, das andere Kind identifiziert sich mit dem Vater und lehnt die Mutter ab, das dritte Kind rebelliert gegen beide Elternteile. Alle Muster sind denkbar – und sind mehr oder weniger in den Einstellungsmustern der späteren Partnerschaft wieder zu finden. Es ist eine Tatsache, dass unbewusst jedes Mitglied der Familie dazu neigt, alle Familienszenarien neu zu installieren. Entscheidend ist:
– Selbst unangenehme Verhaltensmuster,
– schmerzhafte Rollen und
– belastende Beziehungen
werden in späteren Partnerschaften wiederholt. Den meisten Menschen fällt es allerdings schwer, die familiären Muster der Kindheit exakt zu benennen. Jeder Mensch hat sie sich so fest einverleibt, dass sie ihm zur zweiten Natur geworden sind. Sie machen uns geradezu betriebsblind.

Wie die Alten sungen, so zwitschern auch die Jungen

Welchen Einfluss haben Eltern für die Partnerschaftsfähigkeit ihrer Kinder? Was lernen Kinder von den Erwachsenen? Wie gehen sie mit Problemen und Konflikten um?
Eine Längsschnittstudie aus Amerika, die jahrzehntelang Ehen und Kinder von 297 Eltern und ihren verheirateten

Nachwuchs begleitete und beobachte, kam zu folgendem Ergebnis:[1]

Haarfarbe und körperliche Gestalt, bestimmte Wesenszüge genauso wie Ticks und Talente, all das vererben Eltern ihren Kindern. Und wie steht es mit den Erfahrungen der Eltern? 17 Jahre lang beobachteten Forscher nahezu 300 Eltern. 1980 wurden Telefoninterviews mit Ehepaaren geführt. Die Kinder waren damals im Durchschnitt 13 Jahre alt. Im Abstand von drei Jahren wurden fortlaufend die Veränderungen in der Ehe der Eltern registriert. 1997 wurden die mittlerweile um die 30 Jahre alten verheirateten Kinder dieser Eltern zusätzlich befragt. Das Ergebnis?

Eltern, die sich 1980
– über Eifersucht,
– über Herrscherallüren,
– über Reizbarkeit,
– über Launen und
– über strafendes Schweigen
der Partner beschwerten, erlebten ähnliche Verhaltensmuster bei ihren Kindern. Die Kinder dieser unzufriedenen Eltern gaben 1997 ihrer Ehe ebenfalls schlechte Noten. Sie
– waren wenig glücklich,
– klagten über mangelnde gemeinsame Unternehmungen,
– berichteten über Konflikte und Spannungen,
– zeigten ein schwaches Selbstwertgefühl,
– artikulierten ein starkes Stressempfinden
– und berichteten über eine geringe Lebenszufriedenheit.

Deutlich wird: Kinder reagieren stark emotional und körperlich auf Konflikte ihrer Eltern. Sie beobachten genau und registrieren, wie Eltern miteinander umgehen. Eltern geben offensichtlich ihre Eheerfahrung an die Kinder weiter. Besonders schwierig wird es, wenn Eltern sich scheiden lassen. Eine Untersuchung der Technischen Universität Chemnitz ergab,[2] dass Kinder aus geschiedenen Ehen anderthalbmal häufiger geschieden werden als Kinder aus intakten Ehen. Stammen beide Partner aus geschiedenen Ehen der Eltern, zerbrechen die Ehen sogar zweieinhalbmal häufiger als bei Kindern aus funktionierenden Ehen. Die Zahlen sind erschreckend. Und sie verraten, wie eng Eltern und Kinder miteinander verbunden sind. Positive und negative Umgangsmuster werden abgeschaut, trainiert und programmiert. Sie bestimmen das Leben der erwachsenen Kinder, wenn sie nicht korrigiert werden. Wer als Kind und Erwachsener später die Eltern für das eigene Scheitern verantwortlich macht, handelt lieblos und ungeistlich.

– Kinder haben mitgespielt.
– Kinder sind keine Marionetten.
– Kinder werden nicht wie Schachfiguren auf dem Schachbrett des Lebens verschoben.
– Kinder lernen, für ihr Leben die Verantwortung zu übernehmen.
– Kinder haben die Möglichkeit, destruktive Umgangsmuster zu erkennen und zu verändern.

Die Bedeutung der gleichgeschlechtlichen Freundschaft

In jeder Familie wachsen unterschiedliche Kinder auf. Die einen sind sehr kontaktfreudig, brauchen ständig Spielgefährten. Andere sind introvertierter, Stubenhocker und ziehen sich von Freunden zurück. Sie legen auf Beziehungen wenig Wert. Wenn sie Bücher zum Lesen haben, fernsehen können oder vor dem Computer sitzen dürfen, sind sie zufrieden. Es sind mehr oder weniger Einzelgänger.

Für die gelungene Partnerwahl spielt die gleichgeschlechtliche Freundschaft eine wesentliche Rolle. Das habe ich in vielen Gesprächen mit Eheleuten, die Schwierigkeiten im Zusammenleben artikulierten, herausgefunden. Kinder, die sich im Umgang miteinander häufig unverträglich, feindselig und außergewöhnlich aggressiv und uneinsichtig verhielten, litten auch später unter diesen Verhaltensmustern.

Ich möchte die These aufstellen: Wer als Kind und Jugendlicher jahrelang eine gleichgeschlechtliche Freundschaft pflegen konnte, ist bei gegengeschlechtlichen Freundschaften beziehungs- und liebesfähiger. Auch seine Konfliktfähigkeit liegt über dem Durchschnitt.

Warum ist das so?

Jungen oder Mädchen haben es gelernt,
– mit Freund oder Freundin *geduldiger* umzugehen,
– sich *toleranter* zu verhalten,
– dem Freund oder der Freundin *Vertrauen* entgegenzubringen,
– bei auftretenden Schwierigkeiten einander zu *vergeben*.

Es ist offensichtlich, dass uns Partnerschaftsfähigkeit und Beziehungsfähigkeit nicht in den Schoß fallen. Wir müssen sie erlebt und erfahren haben. Kinder und Heranwachsende müssen sie mit Geschwistern, Eltern, Schulkameraden und Freunden trainiert haben. Die Zeit vor der Pubertät, wo sexuelle Probleme die gleichgeschlechtliche Freundschaft in der Regel wenig beeinflussen, ist eine ausgezeichnete Lehrzeit, mit Beziehungsproblemen sinnvoll umzugehen. Die

gleichgeschlechtliche Freundschaft ist ein hervorragendes Trainingsmodell, mit
– Meinungsverschiedenheiten,
– Führung und Unterordnung,
– Nachgiebigkeit,
– Konfliktlösungen,
– getroffenen Absprachen und
– mit dem Schließen von Kompromissen
hilfreich umzugehen.

Kinder und Jugendliche, die sich beziehungsfeindlich aufführen, die sich als Außenseiter und Eigenbrödler erweisen, haben in der Regel auch in späteren gegengeschlechtlichen Partnerschaften Schwierigkeiten. Die Partnerschaftsfähigkeit haben wir nicht geerbt. Sie muss erlebt und trainiert werden.

Wir leben das Gewohnte

Neue Liebschaften, die eines Tages in festen Partnerschaften münden, haben die Tendenz, alle Gewohnheiten aus den Ursprungsfamilien wiederherzustellen. Mann und Frau sind bemüht, vertraute Familienstrukturen neu zu arrangieren. Geradezu magnetisch werden altbekannte Situationen angesteuert. Sie können positiv oder negativ gewesen sein.

Edith beispielsweise, die seit einem halben Jahr mit Erwin verheiratet ist und mit dem sie sich eine kleine und hübsche Wohnung am Stadtrand eingerichtet hat, will unbedingt am Samstag gründlich baden. Sie kommt aus einer bäuerlichen Familie, die gewohnt war, samstags den Ofen in der Küche anzuheizen, viel heißes Wasser zu produzieren, und anschließend durften alle Familienmitglieder baden. Der Samstag vor dem Feiertag war ein Festtag. Alle Familienmitglieder waren frisch gebadet. Die Mutter hatte einen riesigen Stuten gebacken und alle hockten im Wohnzimmer zusammen, erzählten, sangen Lieder und genossen das gute Familienklima. Ediths Mann hatte wenig Verständnis für solche „Mätzchen", wie er sagte, und stürzte seine frisch verheiratete Frau in eine Traurigkeit, die etwas vermisste, das sie nicht genau erklären konnte. Vor jedem Sonntag erfasste sie eine „Wochenendneurose", wie sie es nannte. In der Seelsorge wurde dieser Verlust konkret erarbeitet. Erwin, der sich Ediths Zustand auch nicht erklären konnte, war bereit, den Samstag zum Fest für das beginnende Wochenende umzugestalten. Die depressiven Verstimmungen, die Edith regelmäßig am Wochenende heimsuchten, waren auf einmal verschwunden. Die altvertraute Familienatmosphäre hatte ihr Leben bestimmt. In der Woche wurde auf dem Hof hart gearbeitet. Jedes Familienmitglied wurde gefordert, aber am Samstag wurde mit dem Baden und einer arbeitsfreien Zeit das Wochenende eingeläutet.

Unsere Familie hält auf Gedeih und Verderb zusammen

Dieses Familienmotto, das niemand ausdrücklich formuliert hat, hängt unsichtbar an den Wänden einer Familie mit vielen Kindern. Innerhalb der Gemeinschaft kann alles besprochen werden. Es gibt keine Geheimnisse. Aber nach draußen darf nichts dringen. Viele Probleme werden konsequent vor der Öffentlichkeit verschwiegen:
– Vielleicht neigt der Vater zum *Alkoholismus*.
– Sohn Bernd wurde der *Führerschein abgenommen*.
– Tochter Beate wurde beim *Diebstahl* im Supermarkt erwischt.

– Sohn Gerd ist ein *Bettnässer.*

Die Familie hält rückhaltlos zusammen. Die Familienloyalität wird gewahrt. Wer ein Familienmitglied antastet, greift die Familienehre an.

Sohn Bernd ist 26 Jahre alt, von Beruf Fernsehtechniker. Seine Freundin Ilse, 23 Jahre alt, kommt aus einem ganz anderen Elternhaus. Sie hasst ihren Vater, der schon einige Male die Mutter betrogen hat und fremdging. Bernd ist entsetzt, weil die Familienangehörigen ihre Probleme an die große Glocke hängen und nach draußen tragen.

Auf Bernds Geburtstagsparty erzählt Ilse allen, die es hören wollen, was sie für einen schrecklichen Vater hat. Er hatte es schon mit Prostituierten getrieben, auch beruflich sei er ein Versager, unzuverlässig und das Abbild eines miesen Charakters. Bernd ist schockiert. Sein Gefühl für Ilse sinkt auf den Nullpunkt.

Wie kann man ein Familienmitglied in der Öffentlichkeit schlecht machen?

Kann man das Familiennest so beschmutzen?

Ist die Freundin überhaupt liebesfähig, wenn sie sich so verhält?

Wird sie nicht eines Tages auch ihn auf die gleiche Weise schlecht machen?

Bernd kommt tief enttäuscht und resigniert in die Beratung. Er fühlt eine große Bitterkeit in sich, kann aber die eigentliche Ursache nicht verstehen. In der zweiten Beratungsstunde kommt Ilse mit. Auch sie kann Bernds Enttäuschung überhaupt nicht nachempfinden. Wiederum gilt: Werden die Hintergründe und versteckten Motive solcher Beziehungskonflikte *er*kannt, können sie auch hilfreich bearbeitet werden.

In Beratung und Seelsorge höre ich immer wieder von Partnerkonflikten, die streng genommen in den Ursprungsfamilien vorprogrammiert wurden. Bestimmte Eigenarten, die ein Partner in der Liebesbeziehung als *schrecklich* empfindet, hat er womöglich gegensätzlich in seiner Ursprungsfamilie erlebt.

Ein kleines Beispiel mag das verdeutlichen. Alwin hat zu Hause eine ausgesprochen liebenswürdige und immer freundliche Mutter erlebt. Sie ist keine Kämpferin. Selten schimpft sie laut wie ein Rohrspatz. Keifen und Nörgeln sind ihr fremd. Aber sie versteht es meisterhaft,

– mit leisen Tönen Kinder und Partner zu überzeugen,
– sich mit liebevollen Worten durchzusetzen,
– mit erdrückender Liebe alles zu erreichen, was sie sich vorgestellt hat.

Alwin ist das gewöhnt. Dieser mütterlichen Liebe kann er nicht widersprechen. Sie hat etwas Überwindendes. Alle in der Familie haben diesen freundlichen Ton eingesogen.

Alwins Verlobte Elvira ist aus anderem Holz geschnitzt. Sie ist direkt, laut und gar nicht freundlich und lieb. Was sie denkt, kommt schnurstracks über die Lippen. Sie ist es nicht gewohnt, sich taktisch zu verhalten. In ihrer Familie wurde Tacheles geredet. Mehrere Male am Tag flogen die Fetzen. In der Regel Wortfetzen, aber niemand war beleidigt. Meinungen und Gefühle waren immer offen und durchschaubar. Elvira trat immer wieder ins Fettnäpfchen, weil sie redete, wie ihr „der Schnabel gewachsen ist". Auf den ersten Blick war Alwin von ihr angetan. Er war begeistert von so viel Gradlinigkeit und Unbekümmertheit. Seine Mutter war äußerst diplomatisch. Sie packte alles in Seidenpapier und versuchte, niemandem weh zu tun. Elvira redete, wie sie dachte. Sie machte aus ihrem Herzen keine Mördergrube.

Nur als sie als Verlobte einmal gemeinsam verreisten und ein Stück Alltag in ihr Leben einkehrte, bekam Alwin Bauchschmerzen. Wenn er beim Tischdecken das Salz vergessen hatte, bekam er von ihr einen regelrechten „Anschnauzer". Jedes Mal zuckte er zusammen und fühlte sich wie ein Schwerverbrecher. Als die Urlaubszeit vorbei war, hatte er Magenschmerzen und kein gutes Gefühl, was die Verlobung betraf. Da er es nicht gewohnt war, offen und ehrlich alles anzusprechen, trug er den Kummer wortlos mit sich herum. Die Liebesgefühle der beiden erfuhren einen Dämpfer, dessen Gründe beide nicht durchschauten. Jeder war bedrückt und machte sich unnötige und vor allen Dingen *falsche Gedanken*.

Elvira suchte acht Tage später die Beratung auf und sprach über ihre Unzufriedenheit. Ihre direkte und oft brutale Art hatte sie so verinnerlicht, dass sie nicht in der Lage war, sie präzise zu formulieren. Über ihre Schwiegermutter machte sie sich lustig, fand ihre liebenswürdige Art aufgesetzt und lobte ihre eigene gradlinige Lebensweise. Doch sie erkannte ihre Schroffheit, die ihrem Verlobten weh tun musste, der sich mehr und mehr zurückgezogen hatte und mit dem Gedanken spielte, die Verlobung aufzulösen. Elvira sprach nach der Beratung offen und direkt mit Alwin, offenbarte ihm ihre neuen Einsichten und bat ihren Verlobten innig, ihr zu helfen, nicht mehr alles aggressiv und vor allem derb zu formulieren.

Diesen Satz haben schon unzählige Partner vor und in der Ehe lauthals von sich gegeben.
– Sie wollen nicht *wie die Mutter* sein.
– Sie wollen nicht *wie der Vater* sein.
– Sie wollen nicht *ständig nachgeben*.
– Sie wollen nicht *ständig streiten*.
Sie wollen nicht *wiederholen*, was sie in ihrer Kindheit im Zusammenleben mit Eltern und Geschwistern über die Liebe gelernt haben. Sie wollen verständnisvoller, herzlicher, einfühlender und kooperativer sein. Wer aber aus alten Konstellationen aussteigen will, muss wissen, was er konkret erlebt hat.

Das Verrückte ist, dass wir trotz aller Entschlossenheit, alles anders zu machen, doch wieder ähnliche Personen wählen, wie wir sie in der Ursprungsfamilie erlebt haben. Woran liegt das?

Uns ist nicht bewusst, dass wir zwangsläufig einen Partner wählen, der einer Person ähnelt, die uns vernachlässigt, unterdrückt und verletzt hat. Denn wenn wir die Vergangenheit abschütteln und unser Leben neu gestalten wollen, benötigen wir jemanden, der Züge und Verhaltensmuster trägt, die denen der ursprünglichen Person ähneln.

Christa ist 22 Jahre alt. Vor einem Jahr hat sie das Elternhaus verlassen. Vergeblich hat sie um Liebe und Bestätigung gekämpft. Der Vater ist ein Workaholic, hat nie Zeit, und die Mutter ist so depressiv, dass sie sich von Menschen absondert, sich ins Schlafzimmer legt und vor sich hin brütet. Sie will keinen Menschen sehen und möchte am liebsten sterben.

Christa hat keine Liebe erfahren, fühlt sich emotional vernachlässigt, hungert nach Liebe und danach, verstanden zu werden, und will alles anders machen. In der Jugendarbeit der Gemeinde lernt sie einen jungen Mann kennen. Er ist ausgesprochen charmant zu allen, hat ein kultiviertes Benehmen und übt auf Christa eine gewisse Anziehung aus. Inzwischen hat Christa erfahren, dass er keine Freundin hat und seit einem halben Jahr in den Kreis junger Erwachsener kommt. Nach einem Bibelabend stehen beide vor der Tür des Gemeindehauses, lächeln sich an und verabreden sich noch für ein Gespräch in einem Lokal in der Nähe. Christa bestreitet die Gespräche. Er ist glücklich, dass sie spricht. Aber immer wieder zeigt er ein Lächeln, das ihr Zuneigung, Nähe und Wärme verspricht.

Ein halbes Jahr später sind beide verlobt und wiederum nach etwa einem halben Jahr verheiratet. Christa ist ausgesprochen liebebedürftig. Sie braucht seelischen und geistigen Austausch. Er zieht sich immer mehr zurück. Der junge Mann flieht in die Arbeit. In der Gemeinde übernimmt er zusätzlich einen Jugendkreis. Er versteht es, seine Partnerin zu überzeugen, dass der christliche Glaube Opfer fordert. Das bekannte Szenario aus ihrer Ursprungsfamilie kommt ihr in den Sinn. Die Mutter fühlt sich im Stich gelassen, vom Vater emotional vernachlässigt. Sie wird immer depressiver und flieht in die Resignation.

Als Christa um Gespräche nachsucht, erkennt sie ähnliche Ansätze wie bei der Mutter. Auf keinen Fall will sie sich in ehemalige Muster verstricken lassen. Sie erkennt, dass zwischen ihr und dem Ehemann ähnliche Kommunikationsraster ablaufen wie zwischen ihrer Mutter und ihrem Vater. Als beide Partner ihre Interaktionsmechanismen durchschauen, finden sie in weiteren Gesprächen Lösungsvorschläge, ihre Eheschwierigkeiten zu verringern.

Wer alles anders machen will, muss sich als Erstes darum

bemühen, seine Muster des Zusammenspiels mit Vater und Mutter und mit seinen Geschwistern konkret zu benennen.

Das System der Ursprungsfamilie

Erlebnisse aus den ersten Lebensjahren in der Familie wirken sich auf unsere Liebesbeziehungen im Erwachsenenalter aus. Die Art der Liebe hat das Kind durch die uns damals nahestehenden Menschen kennen gelernt. Vom Liebespartner erwarten wir unbewusst ähnliche Reaktionen. Die Familie bildete ein bestimmtes System, das verschiedene Personen miteinander verband. Dieses System scheint durch ein geheimnisvolles Programm gesteuert. Keiner scheint das Programm zu kennen, aber jeder hält sich daran. Das Familiensystem kann harmonisch funktionieren, und es kann disfunktional angelegt sein. Es kann allen Beteiligten Bestätigung und Geborgenheit vermitteln, und es kann einigen Mitgliedern Nachteile, Belastungen und seelische Probleme bescheren.

Die Macht des Familiensystems liegt darin, dass wir in unserer Partnerschaft dazu neigen, ähnliche Situationen zu schaffen, mit denen wir im ursprünglichen Familiensystem konfrontiert waren. Jahrelang praktizierte Interaktionsmuster haben sich tief im Denken, Fühlen und Handeln eingegraben. Sie funktionieren automatisch.

Da ist Helga, 22 Jahre alt. In ihrer Kindheit und Jugend hat sie sich völlig mit der Mutter identifiziert. Ihre Mutter ist ein „Friedensengel". Sie kann nur leben, wenn Friede in der Familie herrscht. In ihren Friedensbemühungen geht sie sehr weit. Ihr Lebensskript lautet: „Friede um jeden Preis". Ihr Mann ist ein notorischer Kämpfer, der überall Recht haben will, Streit vom Zaun bricht und mit Kindern und Nachbarn schnell im Streit liegt. Der Mann ist direkt, sagt, was er denkt, und tritt schnell überall in so genannte „Fettnäpfchen". Er hat auch keine Veranlassung, sich zu ändern, denn er hat ja ein friedliches Weib, das geschickt alle Brände löscht. Er kann sich seine Auftritte erlauben, denn seine Frau versucht mit allen Kräften, solche familiären oder nachbarschaftlichen Fehden diplomatisch zu beenden.

Helga lernte eines Tages ihren Mann kennen, der als Programmierer in einer Firma beschäftigt war.

Was liebt sie an ihm?
– Er ist gradlinig,
– absolut zuverlässig,
– hat ein klares Urteil,
– er ist mannhaft und standfest.

Genau diese Eigenschaften hat sie ein Jahr später, als beide verlobt sind und schwere Beziehungsstörungen erleben, in der beschriebenen Reihenfolge notiert. Unbewusst wählte sie in ihrem Partner den Vater, der ebenfalls gradlinig und mit einem klaren Urteil (er wusste nämlich alles besser) durchs Leben ging. Helga verstand sich ebenfalls wie die Mutter als „Friedensengel" und war voll ausgelastet, diesen mannhaften und standfesten Partner aus zwischenmenschlichen Kämpfen herauszuhalten.

Zufall? In der Partnerwahl gibt es wenig Zufall. Wir rekonstruieren die alten Familienstrukturen. Die Muster sind uns vertraut. Die Reaktionen sind jedem geläufig.

Wir tragen Verletzungen aus der Familie in die Liebesbeziehung hinein

Viele Erwachsene sind in ihrer Ursprungsfamilie als Kinder vernachlässigt, misshandelt oder auf andere Weise verletzt worden. Diese Auseinandersetzungen mit dem Vater oder mit der Mutter sind nicht zu Ende, wenn Sohn oder Tochter das Haus verlassen. Im Herzen schwelen diese Auseinandersetzungen weiter, und nicht selten wird der Liebespartner zum Sündenbock. Er badet aus, was der andere als Kind mit seinen Eltern erlebt hat.

Da ist Erika, sie ist ältestes Kind. Sie wurde vom Vater nicht ernst genommen. Die Eltern haben einen Bauernhof. Schon bei der Geburt soll der Vater ein langes Gesicht gezogen und gemeckert haben: „Nur ein Mädchen!" Als dann ein Sohn geboren wurde, war der Vater glücklich. Er lud die Nachbarn ein und alle feierten den „Stammhalter".

Der Sohn wurde bevorzugt, erhielt viele Vergünstigungen, ging zum Gymnasium, während Erika die Hauptschule besuchen musste. Sie machte eine Lehre als Verkäuferin. Schon in der Kindheit entwickelte Erika Eifersuchtsgefühle auf den Bruder. Sie ließ kein gutes Haar an ihm, zerriss seine Hefte, zerstörte seine Spielsachen und quälte ihn, wo sie konnte. Stundenlang lag sie mit ihrem Vater im Clinch. Es verging kein Tag, wo sie sich nicht verbal befehdeten.

Als sie 19 Jahre alt war, strebte sie mit aller Macht aus dem Haus. Sie wollte nicht die „Sklavin des Vaters" in der Landwirtschaft werden. Sie strampelte sich frei, sodass ihr Vater auch noch ein Apartment in der Stadt bezahlen musste.

Dann lernte Erika einen Mann kennen, einen Autoverkäufer. Sie war stolz, in einem schicken BMW durch die Lande zu fahren. Ich machte die Bekanntschaft mit Erika in einer Gemeinde. Sie hatte ein paar Fragen in Bezug auf Partnerschaft,

wie sie sagte. Ihr Hauptproblem: „Ich gerate pausenlos mit Andreas aneinander. Wir streiten uns wie die Kesselflicker. Oft sind es nur Kleinigkeiten, aber sie stören mich."
Ich: „Und was stört Sie an ihm?"
Erika: „Dass er Absprachen nicht einhält, mich warten lässt oder mich mit dummen Entschuldigungen abspeist."
Diese Unterhaltung fand im Anschluss an einen Vortragsabend statt. Wir hatten wenig Zeit für ein gründliches Gespräch, und Erika verabschiedete sich.

Nach einem Jahr kam Erika in die Beratung.
„Ich muss unbedingt mit Ihnen reden. Inzwischen habe ich zwei Männer kennen gelernt. Beide Beziehungen sind nach einem halben Jahr in die Brüche gegangen. Ich möchte gerne wissen, was mein Anteil daran ist."
Ich fasse die Gespräche so zusammen:
1. Mit beiden Männern führte Erika ständig Streitgespräche. Im Wesentlichen handelte es sich um Auseinandersetzungen darüber, wo Erika sich vernachlässigt, versetzt und nicht beachtet fühlte.
2. Erika führte ihren Kampf mit dem Vater weiter. Mit ihrem Auszug aus dem elterlichen Haus waren die Auseinandersetzungen mit dem Vater nicht abgeschlossen. Die Interaktionsmuster zwischen Vater und Kind sind eingespielt und einprogrammiert.
3. Auf den Liebespartner werden die Vorwürfe und Ressentiments gegen den Vater projiziert. Er muss ausbaden, was der Schwiegervater seiner Tochter schuldig geblieben ist.
4. Erika lässt durchblicken, dass sie auch mit männlichen Vorgesetzten ständig Streitgespräche führt. Als Frau fühlt sie sich nicht ernst genommen. Was das Gehalt angeht, fühlt sie sich als Frau diskriminiert. Auf ihrer Ar-

beitsstelle hat sie von männlichen Kollegen längst den Spitznamen „Emanze" erhalten.

5. Als Mann und als Vertreter des Vaters habe ich mit Erika viele Gespräche geführt, um den unseligen Streit zwischen Vater und Tochter zu einem fruchtbaren Ende zu führen. Als ich sie einmal eine Viertelstunde warten ließ, habe ich sie folgendermaßen begrüßt: „Erika, Sie müssen jetzt richtig wütend werden. Sie haben auch allen Grund dazu. Die elenden Männer sind eine Sorte für sich. Nach Gottes unbegreiflichem Ratschluss sollen sie auch noch die Krone der Schöpfung sein. Nieder mit ihnen!"

Erika antwortete: „Ich habe mich längst mit meinem Vater und mit den Männern ausgesöhnt. Mein armer Vater hat sein Unrecht längst eingesehen, denn sein vorgezogener Sohn hat den Hof ausgeschlagen und ist zum Ärger meines Vaters Musiker geworden. Damals habe ich ihm das gegönnt. Heute tut mir das alles ehrlich Leid."

Wenn Sie an einen verwöhnten Partner geraten

Sind allein die Eltern daran schuld? Ist es richtig, die Eltern zum Sündenbock zu machen? Nein. Beide Parteien spielen perfekt zusammen:
– Die einen betreuen gern, die anderen lassen sich betreuen.
– Die einen binden ihre Kinder an sich, die Kinder lassen sich ohne Widerspruch fesseln.
– Die einen übernehmen die Verantwortung, die Kinder geben sie ab.
– Die einen denken für die anderen, die Kinder lassen denken und lassen sich raten.
– Die einen verhalten sich hilflos und ratlos, die anderen springen ein und übernehmen deren Rolle.

Eltern und Kinder praktizieren ein perfektes Interaktionsspiel. „Wie ich in den Wald hineinrufe, so schallt es zurück." Es ist ein grandioser Irrtum zu glauben, die Kinder seien die Schwachen, die Kleinen und Ohnmächtigen, und die Riesen, die Erwachsenen hätten alles in der Hand. Kleine Kinder entdecken viele Reaktionsmuster und installieren viele Strategien, um Eltern zu animieren, bestimmte Aufgaben zu übernehmen.

Von meinem psychologischen Lehrer habe ich einen Satz wiederholt gehört: Hilflosigkeit ist die größte Machtentfaltung, die es gibt. Hilflosigkeit provoziert die Erwachsenen zu helfen und sich stark zu machen. Das Kind hat gelernt: Wenn du schwach bist, hilft man dir gern. Wenn du gesund bist, musst du arbeiten.

Welche Eltern neigen besonders dazu, die Kinder zu verwöhnen?

- Eltern, die in ihrer Kindheit benachteiligt wurden.
  „Mein Kind soll nicht leiden wie ich."
  „Mein Kind soll es einmal besser haben."
- Eltern, die wohlhabend sind.
  Sie haben alles und können sich alles leisten. Ihre Kinder bekommen viel zu viel Spielsachen und brauchen nichts zu tun.
- Eltern, die Schuldgefühle haben.
  Da ist eine Mutter, die ihr Kind ein Jahr im Krankenhaus lassen musste. Ihre Schuldgefühle dem Kind gegenüber sind groß. Sie versucht, in den folgenden Jahren das „Unrecht" an dem Kind wieder gutzumachen.
- Eltern haben das Bedürfnis zu bemuttern.
  Die Fürsorge für die Kinder entartet zur Überbeschützung und zur Verwöhnung.

Was ist der Verwöhnte für ein Mensch?

Folgende Eigenschaften kennzeichnen ihn:
– Er gibt sich *gelangweilt*.
– Er verhält sich *träge*.
– Er ist unfähig, sich ernsthaft für Mitarbeit zu *interessieren*.
– Er ist häufig *unzufrieden*.
– Er hat keine erklärten *Lebensziele*.
– Er lässt sich gern *treiben*.
– Er versteht es, *sich gehen zu lassen*.
– Er lässt sich gern *versorgen*.

Der verwöhnte Mensch ist ein passiver, unzufriedener und gelangweilter Mensch. Häufig gibt er sich angeödet. Er erwartet, dass andere für ihn sorgen, und er wartet auf den Menschen, der ihn aus dieser Langeweile befreit, der ihn mitreißt und vor allem versorgt. Dieser Mensch besitzt kein Durchhaltevermögen, denn genau das brauchte er nicht. Andere haben seine Aufgaben für ihn erledigt. Seine Passivität macht ihn nicht selten einsam und er lebt isoliert. Er wartet auf den Initiator, der Aufregung und Spannung in sein Leben bringt.

Die Folge kann sein, dass verwöhnte Menschen viele Partner verschleißen, die alle eines Tages die Nase voll haben und sich zurückziehen. Sie wechseln häufig die Arbeitsstelle, denn sie sind nicht zuverlässig, nicht gewissenhaft und nicht strebsam.

Wer selbst gern betreut, verwöhnt und für andere da ist, findet im verwöhnten Partner das entsprechende Gegenüber. Worin besteht die Gefahr?

Der verwöhnte Partner wird immer passiver und der versorgende und betreuende wird schließlich ausgenutzt und ausgebeutet. Aus einem anfänglich positiven Zusammenspiel kann eine krank machende Beziehung werden.

Als Seelsorger kann ich nur sagen, dass Verwöhnte selbst den Beratungsprozess nicht ernst nehmen. Sie sehen ein, dass ihr Leben sich ändern sollte, aber ihre Motivation ist schnell verbraucht und sie brechen nach kurzer Zeit die Beratung ab.

Wenn es Christen sind, erwarten sie vom Gebet alles, aber von aktiver Umgestaltung ihres Lebens nichts. Verwöhnte verstehen es meisterhaft, den Partner oder Fremde und Bekannte in die Rolle der verwöhnenden Eltern zu drängen.

Unter den Verwöhnten gibt es viele „Muttersöhnchen". Ihnen fällt es schwer, das elterliche Domizil zu verlassen. Sie fürchten, dass die Liebe draußen – mit einem Partner – zu strapaziös werden könnte. Und Mutter verliert ihren Partnerersatz. Verwöhnte genießen oft jahrelang eine freundschaftliche Partnerbeziehung, denken aber nicht daran, den Partner zu heiraten. Ihre Angst, das „Hotel Mama" zu verlieren, hält sie im Elternhaus fest. Das verwöhnte Kind unterscheidet sich übrigens vom Kind, das in erster Linie *Nachgiebigkeit* erfahren hat, dadurch, dass es passiv ist und versorgt werden möchte. Das Kind, das nachgiebige Eltern erlebt, ist ein *forderndes Kind*. Es zwingt beispielsweise den Partner in seinen Dienst. Es kann zum Sklaventreiber werden.

Welche Rolle spielten Sie in der Ursprungsfamilie?

Welche Rolle spielte Ihr Freund (Ihre Freundin) in der Ursprungsfamilie? Die Rollen, die wir innehatten, begleiten uns häufig durchs ganze Leben. Wir haben sie verinnerlicht.

Meine Rolle als Kind

Ein Selbsterforschungsfragebogen

	ja	etwas	nein
War ich eher aktiv?			
War ich eher passiv?			
Habe ich viel gejammert?			
Wurde ich bemitleidet?			
Wurde ich verwöhnt?			
Stand ich im Mittelpunkt?			
Wurde ich vernachlässigt?			
Wurde ich unterdrückt?			
War ich ängstlich?			
War ich optimistisch?			
War ich pessimistisch?			
War ich verantwortlich?			
War ich perfektionistisch?			
War ich ehrgeizig?			
War ich der Initiator?			
War ich Prinz oder Prinzessin?			
Wurde ich bevorzugt?			
War ich der Vermittler?			
War ich der Friedensstifter?			
War ich eher nachgiebig?			
War ich der Anstifter?			

Hilfen für den Selbsterforschungsfragebogen:
Meine Rolle als Kind

1. Füllen Sie ehrlich den Bogen aus und denken Sie bei jeder Frage nicht zu lange nach.

2. Wenn beide Partner den Bogen ausfüllen, erhalten Sie viele Hinweise über wesentliche Verhaltensmuster in Ihrem Leben und dem Leben des Partners.

3. Wenn Sie die einzelnen Fragen durchgehen, ist es konstruktiv, bei denen, die mit „ja" beantwortet werden, nachzufragen, was der Partner konkret damit ausdrücken will. Zum Beispiel: „Ich war eher aktiv."
   – Auf welchem Gebiet?
   – In der Familie?
   – Draußen beim Spiel mit den Kindern?
   – Im Beruf?

   Oder eine andere Antwort: „Ich bin verwöhnt."
   – Von wem besonders?
   – In welcher Beziehung?
   – Wie wirkt sich das bis heute aus?

4. Wenn Sie unangenehme Rollen Ihres Partners entdecken, überlegen Sie gemeinsam, wie Sie mögliche Konflikte verringern können.

5. Nehmen Sie sich ein Verhaltensmuster vor und versuchen Sie, eine einvernehmliche Lösung zu finden.

Wir zwei machen es besser

Negative Familienkonstellationen in den Ursprungsfamilien können auch zwei Menschen bestärken, mit aller Kraft eine positive Partnerschaft zu praktizieren. Nicht wenige Verliebte haben eine schlimme Kindheit hinter sich. Die Eltern wurden geschieden, auf dem Rücken der Kinder wurden Streit und Auseinandersetzungen ausgetragen.

So erging es auch Manfred und Marianne. Marianne erlebte, wie ihr Vater häufig betrunken nach Hause kam. Mutter und Kinder hatten keine Achtung vor dem Trinker. Er tobte durchs Haus, randalierte in allen Räumen und beschimpfte seine Frau als Schlampe. Die Kinder fürchteten sich vor ihm, weil er ungerecht lospolterte und ein Kind, das ihm über den Weg lief, schlug. Die Mutter liebte den Mann nicht mehr, war aber nicht bereit, die Ehe aufzulösen. Marianne schloss sich einem Jugendkreis in der Gemeinde an, las täglich ihre Bibel, betete für die Eltern und für die Familie und nahm sich fest vor, die Fehler der Eltern in der eigenen Partnerschaft nicht zu wiederholen. Abends führte sie Tagebuch und beschrieb konkret ihre Beobachtungen im Zusammenleben der Familie.

– Ich will keinen Mann, der Alkohol trinkt.
– Ich will keinen aggressiven Partner.
– Ich will nicht wie Mutter werden, die sich alles bieten lässt und zu allem Unrecht schweigt.
– Ich will als Christ alles daransetzen, um Probleme zu lösen.

Sie ist Mitarbeiterin in einem Kreis für 14- bis 18-Jährige. Ihr gelingt es, Streit in der Gruppe und zwischen den Geschlechtern zu schlichten. Sie hat zu Hause gelernt, wie es nicht sein darf, und setzt alles daran, feindselige Attacken zwischen Gruppenteilnehmern konstruktiv zu lösen. Man hat ihr liebevoll den Spitznamen „Peacemaker" gegeben. Und sie schafft es auch, hitzige Gemüter miteinander zu versöhnen.

Manfred kommt aus einer sehr schwierigen Familie. Seine Mutter ist einige Male geschieden, hat drei Kinder aus drei verschiedenen Beziehungen. Der Umgang der Halbgeschwister kann schlechter nicht sein. Selten gelingt es, alle an einen Tisch zu bekommen. Jeder lebt für sich. Alle verhalten sich eigenwillig und gemeinschaftsfeindlich. Die Mutter ist völlig außerstande, die Störenfriede zu zähmen. Der Stiefvater hält sich zurück, um nicht als Buhmann dazustehen.

Manfred ist der Älteste, gehört auch zum Mitarbeiterkreis der Gemeinde und versucht sich als Vizevater. Auch er schüttelt immer wieder den Kopf über so viel Feindseligkeit, die die Familienmitglieder produzieren. Auch er hat sich fest vorgenommen, Partnerschaft und Beziehungen völlig anders zu gestalten.

Nach einem Jugendabend gehen Manfred und Marianne gemeinsam nach Hause und haben den Wunsch, sich über ihre jeweiligen Familien auszutauschen. Marianne hat den Eindruck, einen vernünftigen und einsichtigen Mann vor sich zu haben. Und Manfred ist von Marianne begeistert, die ruhig und sachlich über ihre Familienkonflikte spricht. Sie schimpft nicht und verachtet ihre Eltern nicht. Aber sie weiß genau, wie sie einmal Partnerschaft gestalten will.

Beide sind später ein Ehepaar geworden. Sie kannte die Fallgruben für familiäre Zerwürfnisse. Und es gelang ihm, ein weitgehend harmonisches Zusammenleben zu garantieren.

Wichtig: Wir müssen nicht unbedingt alle Fehler und negativen Konstellationen der Ursprungsfamilie wiederholen. Zwei Menschen *können* aus Fehlern lernen und bewusst gegensteuern. Aber es ist notwendig, dass sie die destruktiven Interaktionen der Herkunftsfamilie klar erkannt haben.

Die Ursprungsfamilien kennzeichnen in der Regel bestimmte Werte und Regeln. Solche Mottos, Regeln und Werte beziehen sich auf
– Essen und Arbeit,
– Geld und Spiele,
– Haushalt und Erziehung,
– die Atmosphäre und auf die Geheimnisse innerhalb der Familien.

Bestimmte Regeln und Werte werden klar definiert. Andere werden stillschweigend eingehalten. Bei meinem Freund hing ein Spruch an der Wand, den ich nie vergessen habe. Er kennzeichnete exakt die Einstellung der Familie. In alter, verschnörkelter Schrift waren die Worte in Holz eingebrannt: „Gönn dir was, auch wenn du in Not bist. Was hast du vom Leben, wenn du erst tot bist."

Im Grunde war es der Geist, den dieser Spruch ausdrückte, der meinen Freund und mich nach dem Krieg auseinander gebracht hat und unsere langjährige Freundschaft beendete. Ich war in der Kriegsgefangenschaft zum Glauben gekommen. Mir war ein Leben mit dem lebendigen Gott wichtig geworden. Mein Freund machte sich über den christlichen Glauben lustig, lachte zynisch und machte verächtliche Bemerkungen. Er war geprägt durch ein Motto, das seine Eltern und er praktizierten. Solche Leitideen, Mottos und Werte haben einen großen Einfluss auf die Persönlichkeit des heranwachsenden Menschen. Andere Mottos sind:
• Ohne Fleiß keinen Preis.
• Erst kommt die Arbeit, dann das Spiel.
• Hast du was, dann bist du was.

- Aus unserer Familie darf nichts nach draußen dringen.
- Kinder soll man sehen, aber nicht hören.
- Wir lassen uns nichts schenken.
- Die Frau gehört grundsätzlich an den Herd.
- Wir lassen uns nichts gefallen.
- Bei uns wird gehorcht oder es gibt Schläge.
- Der Teller wird grundsätzlich leer gegessen.

In vielen Familien gibt es Geheimnisse. Sie werden von niemandem angesprochen, und doch weiß jeder, dass sie existieren.
- Die Großmutter hat Selbstmord begangen.
- Der Großvater väterlicherseits war Alkoholiker.
- Der Onkel mütterlicherseits war homosexuell.

Wichtig: Familienwerte und -regeln haben viele Kinder und später die Erwachsenen verinnerlicht. Sie bestimmen unbewusst unseren Lebensstil und prägen unsere Überzeugungen.

Fragen zur Selbstprüfung

1. Welche Regeln, die nicht formuliert sein müssen, kennzeichneten Ihr Familienleben?
   - Haben Sie sich mit den Regeln und Werten identifiziert?
   - Haben Sie gegen Regeln und Werte opponiert? Gegen welche?
2. Welche Eigenschaften Ihres Vaters schätzen Sie am meisten?
   Welche Eigenschaften Ihrer Mutter schätzen Sie am meisten?
3. Welche Eigenschaften Ihres Vaters machen Ihnen am meisten zu schaffen?

Welche Eigenschaften Ihrer Mutter machen Ihnen am meisten zu schaffen?

4. Haben Sie einen Partner gewählt, der Ihrem Vater oder Ihrer Mutter entspricht?

Können Sie die Eigenschaften benennen, die Sie besonders bevorzugen?

Haben Sie bewusst einen Partner gewählt, der anders ist als Vater oder Mutter?

Was wollten Sie verhindern?

Meine Kindheitserfahrungen

Die Kindheitserfahrungen haben die Grundmuster unseres Lebens bestimmt. Sie haben auch die Einstellung zur Liebe geprägt.

– Waren Ihre Kindheitserlebnisse und -erfahrungen positiv oder negativ?
– Denken Sie gern an zu Hause?
– Was sind die Hauptargumente, warum Sie gern an Ihre Ursprungsfamilie denken?
– Was sind die Hauptargumente, warum Sie ungern an Ihre Ursprungsfamilie denken?
– Haben Sie den Mut, konkret Ihre Gefühle niederzuschreiben.
– Die Erfahrungen mit Eltern, Großeltern und Geschwistern – soweit sie vorhanden waren – bestimmen stärker als Sie möchten Ihr Lebensgrundgefühl.

Versuchen Sie, die Sätze konkret und ausführlich zu ergänzen.

1. Wenn ich mich in meine Kindheit versetze, dann denke ich . . . .
. . . .

2. Wenn ich meine Mutter vor Augen habe, dann . . . .
. . . .

3. Wenn ich meinen Vater vor Augen habe, dann . . . .
. . . .

4. Wohltuend waren folgende Dinge in meiner Familie: . . .
. . . .
Vermisst habe ich: . . . .
. . . .

5. Am meisten gekränkt hat mich: . . . .
. . . .

6. Am meisten gefreut habe ich mich: . . . .
. . . .

7. Ähnelt der/die von mir gewählte Partner/-in meinem Vater/meiner Mutter oder einer anderen Bezugsperson? . . . .
. . . .

Geschwisterposition und Partnerwahl

Die Tatsache, als ältestes, mittleres, jüngstes oder als Einzelkind geboren zu sein, kann auch die Einstellung zu Lebenspartnern mit beeinflussen. Selbstverständlich ist nicht die Position in erster Linie maßgebend, sondern wie die Geschwister untereinander und die Eltern miteinander umgingen.

Älteste Kinder,
... die die Rolle als Vizemutter oder als Vizevater übernahmen,
... die ihre kleinen Geschwister beaufsichtigen mussten,
... die große Verantwortung getragen haben,
werden in der Regel auch in der Partnerschaft die Führung beanspruchen. Sie sind es gewohnt, zu bestimmen, die Verantwortung zu übernehmen, die Initiative zu ergreifen und Entscheidungen zu treffen. In der Regel geben sie diese Rolle später nie wieder ab. Sie sind automatisch in die Führungsrolle hineingewachsen, fühlen sich darin wohl und genießen die Vorteile, selbst die Fäden zu ziehen und den Ton anzugeben. Junge Frauen wie junge Männer, die älteste Kinder und gewohnt sind, Leitungsaufgaben zu übernehmen, wählen in erster Linie Partner,
– die sich anlehnen,
– die Verantwortung nicht gern übernehmen,
– die sich lenken und leiten lassen,
– die Initiative vom andern erwarten und
– die dem Stärkeren vertrauen.

Das trifft für Männer und Frauen zu. Denn nicht nur Frauen suchen einen Beschützer, einen Vorreiter und Steuermann, sondern auch Männer, die starke Mütter hatten, von ihnen bestimmt und bevormundet wurden. Wenn diese Mütter es verstanden, liebevoll und mit sanftem Druck ihre Vorstellungen durchzusetzen, sind jene so genannten „Muttersöhnchen" bereit, auch in der Partnerschaft ein „sanftes Joch" zu ertragen. Diese Anlehnung an starke Frauen in der Partnerschaft hat in der Regel nichts mit Untüchtigkeit und beruflichem Misserfolg zu tun. Es können weiche Männer sein, die aber beruflich Beachtliches leisten, anerkannt sind, nur keine Führungsrolle beanspruchen. Häufig sind es ausgezeichnete Teamarbeiter, sehr beliebt und kooperationsfähig.

Kain und Abel

In der Bibel begegnen uns viele älteste Kinder, die Führung beanspruchen und als Älteste erwarten, eine Sonderrolle zu spielen. Die Geschichte von Kain und Abel ist ein Paradebeispiel für den Überlegenheitsanspruch des Ältesten. Sofort nach der Vertreibung aus dem Paradies schildert uns die Bibel die Eifersuchts- und Mordgeschichte von Kain, der seinen Bruder im Gottesdienst erschlägt. Die Eifersucht der ältesten Kinder ist sprichwörtlich. Sie sind entthront worden, standen einige Zeit im Mittelpunkt und werden plötzlich von einem weiteren Geschwister aus dieser Position verdrängt. Nicht wenige Älteste reagieren eifersüchtig:
– Sie nässen wieder ein.
– Sie wollen wieder gefüttert werden.
– Sie fallen in die Babysprache zurück.
– Sie vergehen sich an dem Neugeborenen.

– Sie dürfen von den Eltern mit dem Geschwisterchen nicht allein gelassen werden.

Der lebendige Gott will uns an diesem Beispiel zeigen, dass Eifersucht ein Kardinalproblem des Menschen ist. Sie fordert Aggressionen, Feindschaft, Hass und Kriege heraus. Auch Kain muss die Zurücksetzung als tödliche Kränkung empfunden haben. Er hasst seinen jüngeren Bruder. Für ihn ist es unmöglich, dass der Jüngste im Gottesdienst gesegnet wird und sein eigenes Opfer wird von Gott nicht akzeptiert. Eifersucht ist eine gefährliche Persönlichkeitsstörung. Eifersucht kann eine Partnerschaft zerbrechen lassen. Eifersucht ist Besitzgier und engt den Partner enorm ein. Eifersucht ist ein Herrschaftsverhalten und will den anderen kontrollieren. Eine Prise Eifersucht ist normal, aber bei der Partnerwahl sollten sich beide vergewissern, ob einer den anderen misstrauisch beäugt, ihn mit unbegründeten Eifersuchtstiraden quält und das harmonische Zusammenspiel torpediert.

Die Theorie der Familienkonstellation

Zu den Hauptmerkmalen der Familienkonstellation gehören die Stellung in der Geschwisterreihe, die Geschwisterpositionen der Eltern, unter Umständen noch die der Großeltern, und besonders auffällige Schicksale, die dieser Personenkreis erfahren hat. Die Beziehung zwischen Kind und Eltern und die Beziehung der Geschwister untereinander spiegeln die dauerhaft gestörten oder gelungenen Beziehungen zu anderen Personen, Männern, Frauen und Kindern wider. Sie beschreiben die Einstellung zu Autorität, zu Eigentum und Besitz, zu Arbeit und Politik, zur Religion und vor allem zum Partner. In dieser Darstellung werden die Einstellungen zu Politik und Arbeit, zum Geld, zu Werten und zur Religion weitgehend ausgeklammert. Im Mittelpunkt stehen die Partnerbeziehungen und die Partnerwahl.

Wen ich einmal als Freund oder Freundin, Bekannte oder Partner, Angestellte oder Vorgesetzte wähle, wird von den Vorbildern früher und frühester interfamiliärer sozialer Beziehungen bestimmt. Die Wahl des Partners im außerfamiliären Bereich wird umso erfolgreicher sein, je mehr sie den erfolgreichen früheren und frühesten Beziehungen entspricht. Hinter der Theorie der Familienkonstellation steht die Beobachtung, dass das, was ein Mensch wirklich *getan* hat, entscheidend ist für das, was er *tun will*. Interessant ist also nicht so sehr, was einer denkt, was er gern möchte, welche idealen Partner er in seiner Fantasie entwirft, sondern welche Partnerbeziehungen, welche Kontakte zu welchen Personen erfolgreich und harmonisch oder weniger erfolgreich oder weniger harmonisch verliefen. Diese Interaktionen verraten seine Gedanken und seine Wünsche. Sie spiegeln seinen Lebensstil wider. Vergangene Freundschaften, Schulerfolge, Berufswahlen, Wohnverhältnisse, Krankheiten und Strafdelikte zeigen bestimmte Weichenstellungen auf, wie künftige Schulerfolge, Berufswahlen, Wohnungspläne, Rechtshändel und Partnerwahlen verlaufen können. Auch neurotische Partnerbeziehungen haben in der Familie einen besonderen Akzent erfahren. Die Einstellung zu Vater und Mutter gibt Aufschluss über die Einstellung zum Partner. Aggression und negative Erwartungen gegen die Eltern werden schnell in den Partner projiziert. Der Lebensstil profiliert sich an den Eltern und Geschwistern.

Sind Geschwister mehr als sechs Jahre auseinander, wachsen sie häufig wie Einzelkinder auf. Bis zu einem Abstand von sechs Jahren kann man noch von voller Geschwisterschaft sprechen. Auch hier gibt es erhebliche Unterschiede. Sind Bruder und Schwester nur ein bis zwei Jahre auseinander, ist der Zweitgeborene eine wesentlich stärkere Bedrohung für das älteste Kind. Es erlebt einschneidend, dass die Liebeszuwendung der Mutter abnimmt. Kommt zu zwei oder drei Geschwistern ein weiteres hinzu, leidet das jüngste Kind unter der Ankunft eines weiteren Kindes am meisten. Die Ältesten finden sich leichter mit der neuen Situation ab. Sie können sich sogar für den Neuankömmling begeistern, wenn der Altersabstand sehr groß ist. Allgemein gilt, dass der Ältere seine Individualität und Unabhängigkeit umso mehr gefestigt hat, je später das jüngere Kind geboren wird. Allerdings kann man statistisch belegen, dass extreme Altersunterschiede relativ selten sind. Der Mittelwert der Geschwisterabstände liegt nach Auskunft der Statistischen Landesämter Düsseldorf und Hannover bei genau 40 Monaten. Eine Ausnahme bilden Zwillinge, die gesondert behandelt werden müssen. Je geringer der Altersunterschied, desto größer und ernster ihre Konflikte miteinander, aber desto größer zugleich ihre Neigung, einander auch im späteren Leben nicht zu verlassen.

Das älteste Kind

Da älteste Kinder am stärksten konkurrieren, sind ihre Unterschiede am auffälligsten. Sie müssen sich nicht unbedingt bekriegen, in offener Feindschaft miteinander umgehen. Das alles kann verdeckter und versteckter vor sich gehen. Und doch erinnert es an den ersten Schlagabtausch im Boxring. Jeder tastet den Gegner ab, versucht, seine Stärken und Schwächen herauszufinden. Und an der schwachen Stelle versucht er, ihn zu übertrumpfen. Daher die gegensätzlichen Charaktereigenschaften, die unterschiedlichen Temperamente, das verschiedene Tempo, die Älteste von Zweitältesten unterscheiden. Häufig machen wir die Erfahrung, dass Erstgeborene in ihrer Haltung ein konservatives Element enthalten. Sie rechnen mit Stärke, taktieren mit Macht und zeigen eine gewisse Verträglichkeit.

Die biblische Geschichte vom „Verlorenen Sohn" bestätigt die Vermutung. Der Älteste ist der Konservative, der für den Jüngsten, den Wegläufer und Herumtreiber, kein Verständnis aufbringt. Er macht dem Vater Vorwürfe, denn er hat Zeit seines Lebens Gehorsam gezeigt und sich auf die Seite des Starken geschlagen.

In der Ehe wird es dem Ältesten ähnlich ergehen. Sollte er einen Partner finden, der ebenso eifrig bemüht ist, seine Vormachtstellung uneingeschränkt in die Ehe hinüberzuretten, entbrennt mit Sicherheit ein leidenschaftlicher Machtkampf. Beide setzen ihr altes Spiel aus der Kindheit fort.

Älteste und zweitälteste Kinder stehen miteinander im Wettstreit. Der Zweitgeborene fühlt sich in der Regel unterlegen. Der Ältere kann schon sprechen, lesen, schreiben, malen und singen. Er ist ihm voraus. Er ist größer, stärker, schneller und kräftiger. Kinder haben kein Verständnis für Altersunterschiede und deren Bedeutung. Sie sehen nur, dass der andere einen Kopf größer ist, schneller laufen kann und stärker ist. Jeder sucht beim anderen Schwächen, erprobt die eigene Stärke, entdeckt Talente, die ihm Macht über den anderen verleihen. Eltern machen dann leicht den Fehler, dass sie sich auf die Seite des Erfolgreichen schlagen, seine Gaben hervorkehren oder als Vorbild für den anderen hinstellen.

Da ist der achtjährige Rolf, der im Wettstreit mit seiner Schwester liegt. Das Verhältnis zu seiner Mutter ist getrübt, seit sie die Schwester ins Haus gebracht hat. Vor Jahren hat er die Schwester am Hals gewürgt, er wollte sie los sein, wollte das Schwesterchen verkaufen oder verschenken. Aber er wurde das Schwesterchen nicht los, und die Eltern wollten es auch nicht weggeben. Jede Zärtlichkeit von Seiten der Mutter lehnt er seit dieser Zeit ab. Er wehrt sich dagegen, geküsst und gestreichelt zu werden.

Zwei älteste Kinder finden zusammen

Das ist möglich, auch wenn diese Partnerkonstellation eher selten ist.
Beide sind in der Regel *stark*.
Beide sind in der Regel *dominant*.
Beide geraten leicht in *Konkurrenz*.
Beide wollen in vielen Dingen *entscheiden*.

Selbstverständlich gibt es älteste Kinder, die einen Führungsanspruch ablehnen, weil sie für alles zur Verantwortung gezogen werden. Sie wollen in Ruhe gelassen werden und lehnen es ab, die Kleinen zu beaufsichtigen, Schularbeiten nachzusehen und die Eltern zu entlasten. Vielleicht springt das zweite Kind ein und ist stolz, diese Rolle zu übernehmen.

Da ist Beo, ein ältester Sohn. Er wurde auf dem Bauernhof groß, zusammen mit drei Schwestern. Weil er der einzige Junge ist, wurden ihm sofort Aufgaben auf dem Hof von den Eltern übertragen. Mit sechs Jahren saß er schon stolz auf dem Trecker. Sein Vater gab ihm viel Freiheit, mutete ihm aber auch die Verantwortung zu, ca. 150 Legehennen zu betreuen. Er machte die Ställe sauber, stellte das Futter zusammen, holte die Eier aus den Nestern und säuberte sie für den Verkauf.

Als er das Abitur in der Tasche und seinen Wehrdienst absolviert hatte, begann er Agrarwissenschaft zu studieren. Im gleichen Semester auf der Universität saßen auch einige Damen, die einmal auf Höfen der Eltern tätig werden sollten. Auch Birgit, eine aktive Studentin, die bei Vorlesungen immer in der ersten Reihe saß, gehörte zu den Kommilitoninnen. Sie hatte sich auf den Anbau veredelter Kornsorten spezialisiert und war mit Beo verschiedentlich ins Gespräch gekommen. Beo fand die wortgewandte und starke Frau anziehend. Anfangs wusste er nicht, warum er sich zu ihr hingezogen fühlte. Später entdeckte er, dass sie seiner Mutter glich, die auch wortgewandt und stark den Haushalt und die Kindererziehung mit leichter Hand meisterte.

Nach dem Studium verlobten sich beide. Sie wohnten etwa 50 km auseinander. Der Vater von Birgit hatte eine Futtermittelgroßhandlung und kam ursprünglich auch aus der Landwirtschaft. Birgit, die junge Verlobte, hielt sich oft auf dem Hof von Beo auf. Sie sagte klar und deutlich ihre Meinung, war direkt und machte aus ihrem Herzen keine Mördergrube. In kürzester Zeit bekam sie Meinungsverschiedenheiten mit der zukünftigen Schwiegermutter, die auch gradlinig, stark und direkt ihre Meinung vertrat. Der Schwiegervater hielt sich zurück, ging ihr am liebsten aus dem Weg und vermied alle sachlichen Auseinandersetzungen. Der Sohn konnte seiner Braut Paroli bieten. Er war die Auseinandersetzung mit seiner Mutter gewöhnt. Beide vertraten konsequent ihre Meinung, achteten sich aber trotzdem.

Als die Heirat zwischen Birgit und Beo besprochen werden

sollte, zeigte sich die Braut plötzlich zögernd. Sie hielt den Zeitpunkt noch nicht für gekommen und fand eine Reihe Argumente, die Hochzeit noch hinauszuschieben. Ihre Schwiegermutter stimmte ihr zu, allerdings aus ganz anderen Gründen. Sie hielt die Schwiegertochter für rechthaberisch und hätte dem Sohn diese Beziehung am liebsten ausgeredet. Eines Tages erklärte die Braut den wahren Grund: „Deine Mutter ist 52 Jahre alt, sie wird mindestens noch 20 Jahre mit dem Vater den Hof leiten. Es ist besser, ich löse die Verlobung, dann gehen wir allen Auseinandersetzungen aus dem Weg. Mir fehlt ein Stück Nachgiebigkeit." Sie war nicht mehr umzustimmen. Birgit hatte eine klare Entscheidung getroffen. Ihr Führungsanspruch und ihre Direktheit waren der Schwiegermutter ein Dorn im Auge. Auch Beo musste erkennen, dass sich zwei Älteste in der Tat das Leben schwer machen können.

Das mittlere Kind

Seine Situation ist doppelt problematisch. Es steht zwischen zwei Geschwistern. Auf der einen Seite das ältere Kind, auf der anderen Seite das jüngere, dem man mit Vernunft und Duldsamkeit begegnen soll. Sind die Schwangerschaften der Mutter in zeitlich kurzem Abstand erfolgt, fehlt dem mittleren Kind die Verwöhnung und die liebevolle Zuwendung. Es wird von zwei Seiten bedrängt, es will konkurrieren mit der einen und soll vernünftig reagieren nach der anderen Seite hin. Mit anderen Worten: Es kämpft an zwei Fronten. Zweifrontenkriege sind ermüdend und schwer zu gewinnen. Mittlere Kinder haben daher oft das Gefühl, benachteiligt zu sein, fühlen sich von Eltern und der Welt ungerecht behandelt und verraten in ihren Haltungen und Handlungen diese

Lebensgrundeinstellung. Eltern, die diese doppelte Spannung nicht erfühlen, werfen dem mittleren Kind Neid und Eifersucht vor und stecken ihre Erwartungen zu hoch. Jedes Verständnis für das Kind bedeutet aber Entlastung, und die braucht das „Sandwich-Kind" besonders.

Das jüngste Kind

Es gibt ein Sprichwort: „Den Letzten beißen die Hunde." Das muss nicht sein. Der Letzte hat eine einzigartige Stellung. Er ist hilflos und entdeckt schneller, als es den Erwachsenen lieb ist, seinen Vorteil. Er *benutzt* seine Schwächen, um die anderen für sich einzuspannen. Er hält Eltern und Geschwister auf Trab. Im Handumdrehen wird er zum Tyrannen, die Hilflosigkeit weckt Mitleid und Hilfsbereitschaft, und seine „Sklaven" stehen ihm zur Verfügung. Er reflektiert nicht darüber, aber er macht die Erfahrung, dass Nehmen seliger ist als Geben. Alfred Adler schrieb über den Jüngsten, dass er in Märchen, Legenden und biblischen Geschichten als besonderer Typ geschildert würde. Für die Eltern sei er ein besonderes Kind. Er erführe als Jüngster eine besondere Behandlung. Für das jüngste Kind sei es nicht schön, immer als das Kleinste zu gelten, dem man nichts zutraue, dem man nichts anvertrauen dürfte. Das reize das Kind so sehr, dass es danach strebe, zu zeigen, was es alles könne. So würde das Jüngste meist ein Streber, der alle anderen zu überspringen versuche.

In der Tat, Jüngste sind häufig Schnellläufer, die andere hinter sich lassen wollen. Dass hier leicht Hass- und Neidgefühle mit im Spiel sind, der Jüngste also in der Gruppe ein ungeliebter Spielgefährte ist, ergibt sich – Gott sei Dank nicht zwangsläufig – aus der Rolle. Jüngste führen ein Sonderdasein, weichen von Geschwistern ab und können im Leben herausragende Leistungen vollbringen.

Ein bekanntes Beispiel ist Josef im Alten Testament. Die Geschichte psychologisch zu durchleuchten, dürfte eine lohnende Aufgabe sein. Er ist der Jüngste und weiß seine Rolle entsprechend zu spielen. Der Vater zieht ihn vor, schenkt ihm einen kostbaren Rock und räumt ihm gewisse Vergünstigungen ein. Seine Träume spielen ihn in den Mittelpunkt und die Folge ist, dass seine Geschwister neidisch auf ihn sind. Die Lage spitzt sich zu, aus Neid und Hass entwickeln sich Mordabsichten und eines Tages werden die Gefühle der älteren Brüder in die Tat umgesetzt. Aber Josef war ehrgeizig, er nahm die Herausforderung des „Schicksals" an und wurde ein bedeutender Mann. Die theologische Interpretation, dass Gott aus einem Sklaven einen Landesvater machen kann, habe ich bei dieser Deutung beiseite gelassen.

Dass Jüngste auch Versager werden können, bringt die Rollenfunktion mit sich. Wenn die ältesten Geschwister besonders tüchtig sind und dem Jüngsten diese erfolgreichen und lobenswerten Schwestern und Brüder ständig als leuchtendes Vorbild präsentiert werden, schleicht sich Entmutigung ein. Aus Entmutigung wird Feigheit und aus Feigheit wird Versagen. Jüngste schlagen sich auf die negative Seite des Lebens, fliehen in die Verantwortungslosigkeit und kneifen vor den Aufgaben des Lebens. Sie finden Gründe für ihr Versagen und haben stets Ausreden bereit, die ihre Misserfolge entschuldigen sollen. Entweder wurden sie verwöhnt, in ihren Leistungen verkannt oder von den Geschwistern unterdrückt, von den Eltern vernachlässigt, von der Schule nicht ernst genommen und vom Pech verfolgt.

Einzelkinder werden oft stiefmütterlich behandelt, was die Gemeinschaft und was Spielgefährten angeht. Sie haben keine Geschwister, mit denen sie spielen und sich austauschen können. Ihnen bleiben nur die Erwachsenen. Die Folge kann sein, dass solche Kinder altklug, distanziert und ohne starke Gefühlsbeziehungen zu Mitmenschen aufwachsen. Das Fehlen der Geschwister führt zu einer fast unübersteigbaren Kluft zwischen dem Einzelkind und den Altersgenossen beiderlei Geschlechts.

Das Einzelkind wächst in der Welt der „Riesen" auf, denn die Erwachsenen sind größer, überlegener und fähiger. Es fühlt sich herausgefordert, Gaben zu entwickeln, die den Großen imponieren. Einzelkinder können mit geistiger Überlegenheit, mit Charme, mit Hilflosigkeit und Schüchternheit versuchen, das Ziel zu erreichen. Sie stehen abseits, beschäftigen sich allein und erfahren, dass zwischen ihnen und der Umwelt eine Trennwand ist.

Gerade ernste und besinnliche Einzelkinder, stille und grüblerische Wesen, sind in besonderer Gefahr. Kommen jetzt noch unnahbare Eltern hinzu, die sich ihrer Umgebung gegenüber reserviert zeigen, Kontakte meiden und Gesprächen und Besuchen aus dem Weg gehen, sinken auch die Beziehungen zwischen Eltern und Kind auf ein Minimum ab. Solchen Kindern fehlt die Geborgenheit des Elternhauses, ihnen fehlt die innere Wärme und sie brauchen dringend zur späteren Partnerschaftsfähigkeit Begegnungen mit anderen Kindern.

Das männliche Einzelkind ist daran gewöhnt, der Liebling von zwei Erwachsenen zu sein. Es bekommt für alles Beachtung, Zustimmung und weckt auch in allen Sympathie, Teilnahme und Sorge. Es kann mit sofortiger Hilfe rechnen.

Später glaubt es auch als Mann, im Zentrum der Aufmerksamkeit zu stehen. Da die Identifikation mit Geschwistern fehlt, hält das männliche Einzelkind bei Partnerbeziehungen nach Vater- und Mutterfiguren Ausschau. Freunde können nicht mit Opfern seinerseits rechnen. Die günstigste Ehefrau für ein solches Einzelkind ist eine älteste Schwester, am besten von Brüdern. Sie kann sich auf Männer einstellen und kleinere Jungen verwöhnen und versorgen.

Das weibliche Einzelkind neigt zu Extravaganz und ist egoistischer als andere Mädchen. Es kann den Eltern gegenüber gehorsam sein und verantwortungsbewusst, wenn die Eltern „vernarrt" in das Kind sind und sich seinen Wünschen anpassen. Das Mädchen wirkt frühreif und altklug, in anderer Hinsicht kindlich und einfältig, anlehnungsbedürftig und völlig abhängig von der Führung der Erwachsenen. Es fühlt sich als Prinzessin und sucht den besten aller Prinzen. Kaum einer ist gut genug für das Mädchen. Es möchte alles haben, was ihm in den Sinn kommt. Die zukünftige Ehe ist nicht ganz einfach, es geht gut, wenn das Einzelkind einen freundlichen, toleranten, reifen, oft älteren Partner findet, der seine Launen versteht und kleine masochistische Neigungen mitbringt, der sich also tyrannisieren und quälen lässt. Er muss sich um alles kümmern. Die Ehe zweier Einzelkinder ist dann gut, wenn sie beide starke anderweitige und berufliche Interessen haben und verfolgen.

Der Verlust eines Familienmitglieds

Wenn Eltern sich scheiden lassen oder ein Elternteil stirbt, belasten diese Ereignisse das Familienklima aufs Schwerste. Die gesamte Struktur gerät durcheinander. Zufriedenheit und Harmonie sind verschwunden. Das Gefühl der Gebor-

genheit löst sich auf. Der Boden schwankt. Die Lebens-
grundlage für das einzelne Mitglied der Familie scheint zu
zerbrechen. Psychosomatische Störungen können sich einstellen. Leib, Seele und Geist der Familienmitglieder können
unterschiedlich stark beeinflusst werden. Plötzlich versagt
ein Kind in der Schule. Die Leistungskurve geht rapide
nach unten. Ein anderes Kind wird faul, aggressiv und sucht
in Randgruppen Trost. Vielleicht entwickeln sich Sucht-
strukturen.

Das Trauern über den Verlust eines Menschen, der die Fami-
liengemeinschaft verlassen hat, ist wichtig. Bei vielen Menschen unterbleibt die Trauerarbeit. Der Schmerz wird künst-
lich erstickt, das Leid verdrängt. Besonders mit Kindern
muss das Dilemma besprochen werden. Denn die Beratungspraxis zeigt, dass Kinder häufig falsche Schlüsse ziehen. Sie
glauben,

– sie waren lieblos und ungehorsam und haben die Eltern
  auseinander gebracht,

– sie sind Schuld an der Scheidung, weil sie einen oder beide
  Elternteile oft geärgert haben,

– sie haben mit schlechten Schulnoten die Eltern zur Verzweiflung getrieben.

Diese irrigen Überzeugungen können auch bei Kindern Depressionen auslösen und die Lebensfreude dämpfen. Kinder
müssen die Möglichkeit haben, ihren Kummer zu verbalisie-
ren. Sie brauchen ein Ventil, um den Verlust, ihren Zorn und
ihre Traurigkeit zu verarbeiten. Wird die Scheidung der Eltern nicht hilfreich verarbeitet, können sich Vorurteile und
Aversionen gegen die Eltern und gegen verbindliche Partnerschaften entwickeln.

Die Sterbeforscherin Elisabeth Kübler-Ross hat fünf Phasen in der Trauerarbeit herausgefunden, die auch bei der Trauerarbeit bei Scheidungen der Eltern eine wertvolle Hilfe sind.

Phase 1: Nicht wahrhaben wollen
„Es ist doch unmöglich, dass meine Eltern auseinander gehen!"
„Ich will es nicht wahrhaben, dass Vater und Mutter uns einfach im Stich lassen!"

Phase 2: Zorn und Wut
„Ich könnte unsere Wohnung in tausend Stücke schlagen!"
„Ich habe eine Wut auf die Eltern und auf Gott, der so etwas zulässt!"

Phase 3: Verhandeln
„Wenn ihr beieinander bleibt, werde ich mir die allergrößte Mühe geben, anständige Zeugnisse nach Hause zu bringen."
„Wenn du, Gott, die Scheidung unserer Eltern verhinderst, will ich dir gehören!"

Phase 4: Depression
„Ich bin verzweifelt, die Scheidung ist endgültig. Ich bin total deprimiert."
„Ich bin zerstört, zu nichts habe ich mehr Lust."

Phase 5: Zustimmung
„Mir bleibt nichts anderes übrig, als die Tatsache der Scheidung meiner Eltern zu akzeptieren."
„Ich habe die Scheidung nicht verhindern können. Ich will das Beste daraus machen."

Wenn Kinder oder Erwachsene den gesamten Trauerprozess durchlaufen, können sie wieder gesunden. Tränen sind hilfreich, sie lösen Blockaden.

Kinder brauchen auch Körperkontakt und Berührungen. Sie müssen das Gefühl haben, sie stehen mit ihrem Schmerz nicht allein. Für die spätere Partnerschaftsfähigkeit sind solche Trauerprozesse notwendig. Kinder, die durch Scheidung der Eltern einen bitteren Verlust durchleiden müssen, können oft ein Leben lang – auch wenn sie verheiratet sind – unter Verlustangst leiden. Alte Schmerzen werden mobilisiert,

... wenn der Partner verreist,

... wenn der Partner mal unter Vorwürfen das Haus verlässt,

... wenn der Partner mit dem Auto oder mit dem Flugzeug unterwegs ist.

Verlustängste begleiten uns häufig ein Leben lang.

Der Sündenbock und seine Partnerbeziehung

Der Sündenbock spielt in der Familiendynamik eine große Rolle. In der Regel ist er die Person, der die Schuld für familiäres Missgeschick aufgeladen wird. Wird sie bestraft, ist es für viele Familienmitglieder eine Entlastung. Der Sündenbock wird für Probleme verantwortlich gemacht und alle anderen können sich rechtfertigen.

„Wenn etwas geschieht, ist bestimmt unser Walter daran beteiligt", sagt der Vater.

„Wenn Geld im Portemonnaie fehlt, kann es nur Walter weggenommen haben", sagt die Mutter.

Im Kinderzimmer ist der Computer der Mädchen abgestürzt. „Mit Sicherheit hat Walter wieder am PC gespielt", sagt eine der Schwestern.

Walter ist ein einsamer Junge. Er muss für vieles den Kopf hinhalten. Warum soll er sich noch in Acht nehmen? Warum soll er ehrlich sein? Ihm glaubt sowieso keiner. Er ist und bleibt der Buhmann.

Sündenböcke sind häufig die Versager und Opfer. Und was geschieht, wenn sie eines Tages fluchtartig das Haus verlassen und draußen ihr „Glück" versuchen?

Da ist Gebhard, 20 Jahre alt. Er hat das Gymnasium „geschmissen", wie die Eltern sagen. Er hat eine ältere Schwester, ein Musterkind und Vaters Liebling. Sie war die Brave, die Fleißige und Makellose. Gebhard gerät mit dieser Schwester pausenlos aneinander. Aber die Eltern glauben grundsätzlich dem Mädchen und Gebhard ist der Schuldige, der Anstifter und Böse. Als er beim Diebstahl im Supermarkt geschnappt wurde und die Eltern ein Riesentheater veranstalteten, floh er aus dem Haus und kam bei einem „Kumpel" unter, den er von der Schule her kannte.
Gebhard hatte seine Strafe, die aus sozialen Diensten für Kranke, Alte und Schwache bestand, abgeleistet und eine Arbeit als Gas- und Wasserinstallateur gefunden. Solange er im Elternhaus wohnte, lehnte er es ab, in den EC-Jugendkreis zu gehen. Seine frommen Eltern hätten das gerne gesehen. Jetzt machte er sich auf den Weg, diesen „Laden" mal von innen zu betrachten. Er war angenehm überrascht, dort ganz vernünftige „Typen" und ansehnliche Mädchen zu finden. Nach vier Wochen bändelte er mit einem zwei Jahre älteren Mädchen an. Edelgard war MTA, eine medizinisch-technische Assistentin.
Edelgard nahm die Beziehung sehr ernst und versuchte schon nach kurzer Zeit, Kontakt zu seinem Elternhaus aufzunehmen. Sie wollte keinen losen Flirt oder eine oberfläch-

liche Freundschaft. Sie wollte einen Partner fürs Leben. Edelgard war die Älteste von zwei weiteren Geschwistern. In der Familie, im Jugendkreis und im Krankenhaus war sie die Verantwortliche. Sie kümmerte sich um andere. Gebhard fiel ihr sofort auf. Er war anders als die anderen. Etwas frecher, etwas vorlauter, etwas schwieriger. Das reizte sie. Als beide auf den Elternbesuch zu sprechen kamen, wehrte Gebhard zuerst vorsichtig ab. Das wäre zu früh. Beide müssten sich erst besser kennen lernen. Beide wüssten doch gar nicht, was aus ihrer Freundschaft würde. Aber Edelgard blieb hartnäckig. Sie trotze ihrem Freund die Telefonnummer der Eltern ab, rief an und vereinbarte mit den erstaunten Eltern einen Termin zum Kaffeetrinken.

Gebhard ließ sich nur widerwillig mitziehen. Vor allem hatte er Angst, dass seine Eltern der Freundin den Sündenbock-Status seines Lebens offenbaren würden. Aber die Eltern hielten sich zurück und Gebhard ebenfalls. Die Eltern waren sehr überrascht, dass Gebhard ausgerechnet im EC dieses wunderbare Mädchen kennen gelernt hatte. Edelgard war nach dem Besuch ihrer Sache gewiss geworden, diesen Mann fürs Leben zu gewinnen.

Nach knapp einem Jahr heirateten die beiden und dann begannen die Schwierigkeiten. Der Sündenbock setzte seine Rolle fort, die er in der Familie angenommen hatte. Gebhard bezeichnete sich selbst als „Looser", als Verlierer. Wenn in der Firma etwas schief ging – Gebhard hatte etwas damit zu tun. Seine Eltern und ihre Eltern hatten den beiden ein Auto ermöglicht. Wer verursachte einen Totalschaden durch Auffahren? Gebhard.

Er war mehr als nur ein Pechvogel und Unglücksrabe. Nein, er war oft negativ beteiligt. Er war es gewohnt, der Schuldige zu sein. Er war es gewohnt, aufzufliegen. Diese Muster waren zu seiner zweiten Haut geworden, sodass er ständig der Leidtragende war, und zwar buchstäblich. In der Familie standen seine Geschwister fortwährend mit weißer Weste da, während Gebhard sich mit der tragischen Rolle des Sündenbocks abfinden musste. In seiner Ehe war es ebenso. Edelgard konnte es drehen und wenden, wie sie wollte, Gebhard hatte den Schwarzen Peter in der Hand. Die junge Ehe kam in eine schwere Krise. Beide waren verzweifelt. Gebhard spielte einige Male mit dem Gedanken, sich das Leben zu nehmen. Aber seine fürsorgende und verantwortliche Frau versuchte ihn umzustimmen.

Eines Tages kamen beide in die Seelsorge. Der Pastor der Gemeinde hatte es beiden geraten. Schon im ersten Gespräch wurde sehr deutlich: Gebhard wiederholte die Konstellation im Elternhaus mit seiner Schwester. Damals war seine ältere Schwester das Musterkind und er der Böse. In der Ehe war Edelgard die „Heilige" und Gebhard der „Sündenbock".

Als beiden ihre Einstellungs- und Verhaltensmuster bewusst wurden, setzte allmählich eine Korrektur ihres Denkens und Verhaltens ein. Die unterschwelligen Machtkämpfe ließen nach. Edelgard verringerte ihre fürsorgliche und kontrollierende Art, die Gebhard veranlasst hatte, erst recht gegen ihre moralische Einstellung zu rebellieren. Auch Edelgard als die Älteste und Verantwortliche hatte in ihrer Ursprungsfamilie gelernt, für die jüngeren Geschwister die Vizemutter, den Aufpasser und Kontrolleur zu spielen. Mit dieser Rolle hatte sie sich identifiziert und es gelang ihr unbewusst, bei der Partnerwahl diese Rolle weiterzuführen.

Es ist im Leben schwer, die Kommunikationsmuster der Ursprungsfamilie abzulegen. Die Rollen, die wir gespielt haben, laufen wie programmiert weiter. Und es finden sich zwei Menschen, die je auf ihre Weise diese Einstellungsmuster miteinander koordinieren. Wären die Beziehungsmuster von Edelgard und Gebhard nicht grundlegend verändert worden, hätte die Ehe scheitern müssen. Die „Heilige" und der „Sündenbock" sind Interaktionsmuster, die so destruktiv aufeinander eingestellt sind, dass sie misslingen müssen.

Fragen zur Selbstprüfung

1. Sind Ihre Geschwisterbeziehungen mehr harmonisch oder disharmonisch verlaufen?
2. Welche Geschwisterposition verkörpern Sie?
3. Welche Verhaltens- und Einstellungsmuster sind mit dieser Position verbunden?
4. Sind Sie auf ein Geschwister eifersüchtig?
5. War jemand auf Sie eifersüchtig?
6. Wen haben Sie bewundert oder besonders respektiert?
7. Wessen Anerkennung haben Sie angestrebt?
8. Haben Sie unter einem Geschwister gelitten?
9. Sind diese Muster positiv oder negativ?
10. Haben Sie den Eindruck, dass diese Beziehungspraktiken Ihre Partnerschaft belasten?
11. Wenn ja, sind Sie bereit, ein hinderliches Muster zu verändern?

Gleich zu Gleich und Gegensätze ziehen sich an

Wenn es um die Partnerwahl geht, werden diese Fragen immer wieder gestellt. Wählt man einen Partner, der einem selbst möglichst ähnlich ist, oder ist es hilfreicher, einen Menschen mit ergänzenden Eigenschaften zu wählen? Eins ist sicher: Große Männer haben in der Regel auch größere Frauen. Dünne Männer haben eher dünne Frauen.

„Der Mann, der eine Frau aus höherem Stande ehelicht, soll für diese Tat mit dem Leben büßen", hieß es in einem alten Gesetzestext, der im damaligen Sachsen Anwendung fand. Das ist lange vorbei. Aber das Sprichwort „Gleich und Gleich gesellt sich gern" hat auch heute noch seine Bedeutung. Das Sprichwort scheint einem anderen zu widersprechen: „Gegensätze ziehen sich an". Wir sprechen von Kontrast-Ehen, von Ergänzungs-Ehen, von Menschen mit verschiedenen Lebensstilen, die gemäß ihrer Lebensauffassung und Lebenseinstellung einen Partner wählen, der polare Züge aufweist. So kann man sagen,

... dass Menschen, die hilfsbedürftig sind, Menschen anziehen, die das Bedürfnis haben zu helfen,

... dass Menschen mit starkem Leistungswillen Menschen anziehen, die selbst passiv sind, sich aber im Erfolg der Erfolgreichen sonnen.

In der Regel entscheiden bei der Partnerwahl gleiche soziale Merkmale, es treten aber komplementäre Bedürfnisse auf. Die meisten Menschen suchen innerhalb der gleichen sozialen Kreise ihre Partner aus. Wohlhabende Familien verkehren mit wohlhabenden Familien, Arbeiter mit Arbeitern, Kaufleute mit Kaufleuten, Protestanten mit Protestanten. Das ist zweifellos eine pauschale Behauptung, aber die soziologischen Untersuchungen scheinen dieser vorschnellen Feststellung zu entsprechen.

Aber wie verhält es sich, wenn es
– um den familiären Hintergrund,
– um die religiöse Einstellung,
– um den Grad der Bildung,
– um die Gesundheit geht?

Die Fachleute sprechen von *Homogamie*, also von der Tendenz, Partner auf der Basis von Ähnlichkeit zu wählen.
Professor Hassebrauck und die Sozialpsychologin Beate Küpper von der Universität Wuppertal haben in ihren Studien festgestellt:
„Die Partner sind im Allgemeinen desto zufriedener mit ihrer Beziehung, je mehr Ähnlichkeiten sie an sich wahrnehmen. Und die Ähnlichkeit in der Persönlichkeit? Passen zwei Streithähne zusammen? Offenbar ist die Ähnlichkeit der Persönlichkeit deutlich weniger wichtig als die Übereinstimmung in Einstellungen und Interessen. Wichtig für die Entwicklung der Beziehung ist besonders eine ähnliche Art, mit Problemen umzugehen, also ob wir eher zu sehr differenzierten Beurteilungen neigen oder eher oberflächlich sind. (...) Übereinstimmend hat die Forschung festgestellt, dass es lebensfrohe Menschen vorziehen, mit anderen Lebensfrohen zusammen zu sein, und auch Depressive neigen dazu, die Gesellschaft anderer Depressiver vorzuziehen, vor allem dann, wenn sie annehmen, die anderen Unglücklichen seien für ihre Lage nicht selbst verantwortlich." [1]

Die Wuppertaler Forscher gehen also davon aus, dass die Homogamie, nämlich die „Heirat innerhalb gleicher Kreise", Vorrang hat. Das heißt:

– Wohlhabende Familien verkehren mit wohlhabenden Familien.
– Protestanten wählen in der Regel wieder protestantische Partner.
– Freikirchliche Partner finden in freikirchlichen Kreisen ihren Liebespartner.
– Menschen aus bestimmten Schichten bleiben eher in Kontakt zu Menschen, die ihrer Schicht entsprechen.

Meine Erfahrung als Eheberater besteht darin, dass die meisten Partner, die sich anziehen, *gegensätzlich* angelegt sind. Ihre Persönlichkeitsstrukturen unterscheiden sich voneinander. Entscheidend ist aber,

... dass sie mit der Gegensätzlichkeit und mit der Ergänzung *übereinstimmen*,
... dass sie Umgangsmuster und Praktiken entwickeln, die *ausgleichend* sind,
... dass sie die Eigenarten und Angewohnheiten des anderen *bejahen*.

Diese Eigenschaften sind notwendig. Kämpfer, Rechthaber und eigenwillige Menschen, die Toleranz klein schreiben und Respekt vor den anderen vernachlässigen, werden mit gegensätzlichen Verhaltensmustern nicht fertig. Ihre Beziehungen sind gefährdet.

Ich möchte einige Beobachtungen so zusammenfassen:

Es geht nicht um die *Ähnlichkeit*, die wir anstreben, es geht um die *Übereinstimmung* von Einstellungen und Interessen. Dazu ein Beispiel:

Ein junges Paar berichtet in der Seelsorge, dass die junge Frau sich gern am Wochenende für einen ganzen Tag zurückzieht. Sie liest geistliche Bücher, plant für die kommende Woche, malt Bilder und braucht viel Zeit zum Abschalten und zur Entspannung. Der Partner ist ein Computerfreak und nutzt diesen Tag, seine Bildschirmstunden als Kommunikations-Designer auszuwerten. Sie ist sonst sehr nähebedürftig. Er ist eher distanziert und introvertiert. Beide stimmen darin überein, ihre Zeit am Wochenende positiv für beide zu gestalten. Das Beispiel zeigt, wie missverständlich es ist, wenn von Ähnlichkeit die Rede ist. Die Charaktere bleiben unterschiedlich, aber sie sind glücklich, weil sie eine Übereinkunft, die beide befriedigt, gefunden haben.

Übereinstimmung im Glauben verbindet

Menschen lernen sich kennen, weil sie ähnliche Interessen und Hobbys pflegen. So lernen sich viele christliche Jugendliche in christlichen Jugendkreisen kennen. Was sie verbindet, ist der Glaube. Was sie anzieht, ist die christliche Grundhaltung. Also eine wesentliche Übereinstimmung. Aber diese Glaubensübereinstimmung sagt noch nichts über die Verschiedenheit der Charaktere. Junge Männer und Mädchen fahren gemeinsam 14 Tage auf eine Freizeit. Verliebte, die sich erst kürzlich im Kreis kennen gelernt haben, fahren genauso begeistert mit. Nach den 14 Tagen sitzen häufig Paare getrennt, die auf der Hinfahrt nicht nahe genug sein konnten. Was ist geschehen?

- Der Glaube ist zwar eine hilfreiche Basis, aber Meinungsverschiedenheiten über Werte, auffälliges und weniger auffälliges Auftreten, über Dominanz und Unterordnung, über Führen und Anlehnen sprengen die Freundschaft.
- Stimmen Siegfried und Angelika völlig überein, dass er führt, im Wesentlichen Vorschläge macht und die Initiative ergreift und Angelika sich anpasst, gern die Verantwortung abgibt und dem Partner die Entscheidung überlässt, dann stimmen sie zwar auf diesem Gebiet völlig überein, und doch sind beide charakterlich grundverschieden.

Ähnlichkeit der Interessen erleichtert das Zusammenleben

Auch diese These, die von Forschern beschrieben wird, ist nur bedingt richtig. Was stimmt?
Zwei Menschen lernen sich als Schauspielschüler kennen. Beide sind leidenschaftliche Schauspieler. Beide wollen auf der Bühne oder im Film ihren Weg machen. Beide verlieben sich heiß und innig ineinander. Und dann laufen sie auseinander. Was ist geschehen?

- Der eine ist ein großzügiger Typ. Er liebt die Freiheit, das Ungebundene, das Lockere und Leichte. Kleine Flirts und Eskapaden nimmt er nicht ernst. Sie ist ein gewissenhafter Typ, liebt ernste Rollen und möchte am liebsten später Charakterrollen spielen. Sie ist gradlinig, ehrlich und sehr korrekt.
- Beide stimmen in ihren Interessen überein, aber ihre Charaktere sind grundverschieden.

Auch diese Ähnlichkeit garantiert die größte Übereinstimmung. Zwei Menschen sind immer grundverschieden.
Ihre *Ansprüche,*
ihre *Erwartungen,*
ihre *Ansichten,*
ihre *Vorlieben,*
ihre *Gewohnheiten,*
ihre *Glaubensüberzeugungen* und
ihre *Lebensziele* stimmen selten überein.
Wer aber kompromissbereit ist, wer den anderen in seiner Andersartigkeit stehen lassen kann, der praktiziert Übereinstimmung und Harmonie. Zwei Menschen müssen tausend Kleinigkeiten, die sie unterschiedlich erlebt und bewertet haben, aufeinander abstimmen. Rechthaberische, intolerante und eigenwillige Persönlichkeiten werden auf der ganzen Linie Schwierigkeiten bekommen. Wer dagegen den anderen annimmt, wie Christus uns angenommen hat, der schafft Frieden, verringert Auseinandersetzungen und fördert das Band der Gemeinsamkeit.

Der Partner als Utopie

Wenn wir jahrelang in der Partnerschaft leben, verändern wir uns. Und zwar innerlich und äußerlich. Das sollten junge Menschen vor der Ehe bedenken. Beginnen wir mit dem Äußeren. Wie sang der französische Chansonnier Charles Aznavour: „Du bist so seltsam anzusehen (...), du lässt dich gehen." Viele Partner verlieren ihre idealen Maße. Unliebsame Pfunde sammeln sich an Stellen an, an denen wir sie verwünschen. Das gilt besonders für Frauen, aber auch für Männer.

Der Chefredakteur von „Psychologie heute" schrieb unmissverständlich:

„In quasi göttlicher Anmaßung neigen wir dazu, andere Menschen nach unserem Bild formen und erziehen zu wollen. Das betrifft nicht nur den Lebenspartner, und es geht dabei um mehr als nur Äußerlichkeiten wie Figur oder Schlampigkeit. (...) Manchmal werden einige dieser Ideen zu *fixen Ideen*, zur Obsession (zur Besessenheit), und wir leiden lieber, als einen Millimeter davon abzurücken. Die Liebe macht uns blind, und wenn wir wieder sehen können, will sich selbst der liebevollste Partner nicht nur als Knetmasse des anderen betrachten." [2]

Wer solche Utopien nicht ablegen will, gleitet sehr schnell in Enttäuschungen und Unzufriedenheit hinein. Einer fühlt sich vom anderen getäuscht. Einer schiebt dem anderen die Schuld in die Schuhe. Der Unzufriedene rächt sich am Partner, er lässt den anderen seine Enttäuschung spüren. Solche Verhaltensmuster spiegeln Infantilität und Unreife wider. Wer dem anderen Vorwürfe macht, dass er sich innerlich und äußerlich verändert hat, neigt zu „göttlicher Anmaßung". Diese Einstellung ist überheblich und menschenverachtend. Die Folge: Der andere lässt sich erst recht gehen. Aus Liebe wird Verachtung, und zwar auf beiden Seiten.

Wer verliebt ist, muss wissen, dass wir einen Menschen wählen, der sich äußerlich und innerlich verändert. Wenn wir ehrlich sind: Wir gehen aus dem Leim. Die Idealmaße verschwinden. Das Alter fordert seinen Tribut. Beide Partner büßen ihre jugendliche Attraktivität ein. Wer der äußerlichen Attraktivität eine solche Priorität einräumt, steht schneller als andere eines Tages vor den Scherben seiner Beziehung. Je älter wir werden, desto eher zeigt sich, was uns wirklich miteinander verbindet.

Zusammenleben beinhaltet:
– Nähe und Distanz,
– Abhängigkeit und Unabhängigkeit,
– Durchsetzungsfähigkeit und Kompromissfähigkeit.
Immer beides. Jede Einseitigkeit stört die Gemeinschaft. Jeder hat Wünsche, Erwartungen und Vorstellungen. Liebe kann nur gedeihen, wenn beide ihre Wünsche aufeinander abstimmen. Das geht nicht ohne Kompromisse. Sturheit und Rechthaberei führen sofort in den Konflikt. Allerdings hat die Nachgiebigkeit auch Konsequenzen. Wer sich *zu* nachgiebig verhält, wird ständig überstimmt, ausgebeutet und ausgenutzt. Gemeinschaft und Eigenständigkeit werden laufend auf die Probe gestellt.

Anpassung mit innerer Zustimmung

Die fruchtbarste Art, eine passable Partnerschaft zu gestalten, besteht darin, sich mit innerer Zustimmung anzupassen. Dazu erzählt uns Paul Watzlawik, der amerikanische Psychotherapeut und Kommunikationswissenschaftler, eine eindrückliche Geschichte:
Da ist ein junger Mann, er hat die Pubertät hinter sich und joggt durch einen Stadtpark. Er ist voller Kraft, nur heute Morgen ist er müde. Er hatte die Nacht zum Tage gemacht. Das Joggen macht ihm Mühe und er überlegt, ob er den Weg nicht abkürzen soll. Warum kann er nicht quer durch den Park laufen und abkürzen? Bevor er den festen Weg verlässt, erblickt er am Rande eine Messingtafel, die mahnt: „Das

Betreten der Rasenfläche und Blumenbeete ist verboten und wird mit einer Geldstrafe von 50 € bestraft – der Stadtrat."

Der junge Mann hat drei Möglichkeiten zu reagieren:

Möglichkeit 1: Er joggt unbekümmert über Rasen und Beete, stört sich an nichts und hofft, dass er nicht erwischt wird.

Möglichkeit 2: Er läuft wütend den vorgeschriebenen Weg durch den Park und beschimpft während des Laufens den engstirnigen Stadtrat.

Möglichkeit 3: Er läuft zufrieden seinen Weg weiter. Er hat eine gute Tat getan und vielen Mitbürgern der Stadt einen positiven Blick auf Rasen und Beete ermöglicht.

Es unterliegt keinem Zweifel, dass die letzte Möglichkeit dem jungen Mann eine zufriedene Lebenseinstellung beschert. Er genießt das Laufen, vergiftet seinen Körper nicht mit belastenden Stoffen und kehrt in guter seelischer Verfassung in seine Wohnung zurück. Eine solche Lebenseinstellung ist gemeinschaftsfreundlich und nicht egoistisch.

Wer in der Partnerschaft eine solche Anpassung mit innerer Zustimmung realisieren kann, wird harmonischer und konfliktfreier mit seinem Partner zusammenleben. Menschen, die von klein auf gelernt haben, die Bedürfnisse der Mitmenschen zu respektieren und die biblischen Gebote des Zusammenlebens zu achten, werden es später im Leben leichter haben, mit Wünschen des Partners fertig zu werden.

Es ist keine Frage, dass die Erziehung unserer Kinder über Partnerschaftsfähigkeit und Liebesfähigkeit entscheidet. Kinder, die egoistisch ihren Lebensstil praktizieren können, die Rücksichtnahme und Respekt nicht gelernt haben, werden es auch im Zusammenleben mit anderen schwer haben. Wer sich als späterer Erwachsener eigenwillig durchsetzt und seine Ziele auf Kosten der anderen verwirklicht, wird es zweifelsfrei mit großen Persönlichkeitskonflikten zu tun haben. Welche Erziehungsgrundsätze sind hilfreich, um verantwortliche Erwachsene zu erziehen und ein fruchtbares Zusammenleben zu garantieren?

Leitsatz Nr. 1:
Eltern erziehen einhellig.
Wenn Eltern sich in den Rücken fallen und in ihren Erziehungsgrundsätzen nicht übereinstimmen, erreichen sie, dass Kinder Regeln und biblische Grundsätze als *gleichgültig* erleben. Die gegenteiligen Auffassungen der Eltern veranlassen sie, Vorschriften und Ordnungen zu missachten. Warum sollten sie Maßstäbe achten, wenn Eltern und Autoritätspersonen unterschiedliche Wertungen abgeben? Ein weiterer Nachteil besteht darin, dass Kinder *gewissenlos* reagieren. Eltern erreichen bei ihren Sprösslingen gewissenlose Verhaltensmuster. Es leuchtet ein, dass die späteren Erwachsenen unverbindlicher leben und sich egoistischer durchs Leben mogeln.

Leitsatz Nr. 2:
Eltern praktizieren Konsequenz.
Neben Verwöhnung ist Inkonsequenz eine der problemati-

schen Erziehungspraktiken. Inkonsequenz kann auf falscher Nachgiebigkeit beruhen.

- Eltern und Erzieher lassen *sich erweichen.*
- Eltern und Erzieher lassen *sich überreden.*
- Eltern und Erzieher wollen *nicht anecken.*
- Eltern und Erzieher wollen *konfliktfrei erziehen.*

Diese Nachgiebigkeit zahlt sich nicht aus. Nicht Eltern ziehen Konsequenzen, sondern die Kinder. Kinder verstehen es meisterhaft, den Erzieher „umzuwerfen". Sie setzen ihre selbstsüchtigen Ziele durch. Darum gilt die Regel: Wer einmal nachgibt – aus Schwäche –, braucht die fünffache Zeit, diesen Fehler rückgängig zu machen. Denn Kinder lernen: Hab Geduld, einer der Eltern kippt um, wenn du fest bleibst. Diese Einstellung ist im partnerschaftlichen Umgang höchst problematisch. Partner, die so erwachsen werden, verstehen es auch, den anderen zu manipulieren. Erfolgreich setzen sie die Verhaltensmuster ein, die sie als Kinder eintrainiert haben.

Leitsatz Nr. 3:
Eltern erziehen zur Verantwortlichkeit.
Verantwortungslosigkeit ist im Zusammenleben destruktiv. Das gilt für das kommunale und für das partnerschaftliche Zusammenleben. Wer Regeln und Gesetze nicht achtet, handelt gemeinschaftsfeindlich. Nächstenliebe und Mitmenschlichkeit tritt er mit Füßen.
Von der Geburt eines Kindes an müssen Eltern darauf achten, dass Regeln, Absprachen und familiäre Riten eingehalten werden. Kinder müssen mit den *Folgen* ihres negativen Verhaltens konfrontiert werden. Wehe, wenn Eltern
... für ihre Kinder die Folgen ausbaden,

... für ihre Kinder Aufgaben übernehmen,
... für ihre Kinder Entscheidungen treffen.

Kinder lernen: Erwachsene springen für mich. Andere verrichten meine Aufgaben. Eltern und Erzieher planen, entscheiden und regeln alles für mich. Die falschen Erziehungspraktiken haben in späteren Partnerschaften der Kinder böse Folgen. Der Partner wird ähnlich behandelt. Er wird ausgenutzt und für alles, was schief geht, verantwortlich gemacht.

Ein kleines Beratungsbeispiel: Da ist Edith, eine verwöhnte junge Dame. Sie ist ein Jahr verheiratet und leidet unter der „falschen Partnerwahl". Bei Licht besehen, sieht alles ganz anders aus. Sie beschimpft ihren „faulen" Partner, der keine Verantwortung übernimmt, sich drückt und vieles einfach liegen lässt. Der Mann hat einen anstrengenden Beruf in der Metallindustrie und erwartet, dass seine Frau, die noch kein Kind geboren hat, im Haushalt alles regelt, kocht, putzt und für den Einkauf sorgt. Edith ist Einzelkind, wurde von beiden Eltern verwöhnt. Sie brauchte nicht zu kochen, nicht zu putzen oder einzukaufen. Nach der Heirat fühlt sie sich als Sklavin und glaubt felsenfest, den falschen Partner geheiratet zu haben. Im Grunde hat sie keine Verantwortung gelernt und ist nicht in der Lage, eine zumutbare Verantwortung in der Ehe zu tragen. Ist es ein Wunder, wenn diese Ehe auseinander geht?

Deine Wünsche und meine Wünsche

Wer die biblische Regel „Liebe deinen Nächsten wie dich selbst" beherzigt, wird die besten Voraussetzungen mitbringen, eine gute Partnerschaft zu führen. Im Alten und Neuen Testament wird dieser Kardinalsatz herausgestellt. Der christliche Glaube wird als „Religion der Liebe" charakterisiert. Wie ist dieser Kernsatz zu verstehen?

Hinweis 1:
Nächstenliebe ist Selbstliebe.
Je mehr ich die Wünsche und Bedürfnisse des Partners *höre und bejahe*, desto mehr wird er meine Wünsche und Bedürfnisse erfüllen. Zufriedenheit auf der einen Seite bewirkt in der Regel Zufriedenheit auf der anderen Seite. Das Ernstnehmen der Wünsche auf der einen Seite ermutigt den Partner, die Wünsche des anderen ernst zu nehmen. Dieser Kardinalsatz ist in der Tat eine „goldene Regel" des Zusammenlebens.

Hinweis 2:
Geben und Nehmen sind im Gleichgewicht.
Das ist wichtig. Jeder der beiden muss das Gefühl haben:
– Meine Wünsche werden gehört.
– Meine Bedürfnisse werden ernst genommen.
– Meine Person wird respektiert.
Wer zu viel schluckt, wer schweigt und Unzufriedenheit verdrängt, stört das seelische Gleichgewicht in der Beziehung. Es geht nicht darum, Geben und Nehmen auf die Goldwaage zu legen. Es ist nicht hilfreich, Schenken und Beschenktwerden gegenseitig aufzurechnen. Wer es tut, liegt im Machtkampf mit dem Partner. Und doch brauchen wir alle das gute Gefühl: Beide ergänzen sich, beide tun ihre Pflicht und übernehmen jeweils ihre Aufgaben.

Hinweis 3:
Auch eigenwillige Wünsche werden ernst genommen.
Nächstenliebe beinhaltet auch, dass wir ausgesprochen eigenwillige Wünsche des anderen ernst nehmen. Wer argu-

mentiert und die Bedürfnisse des anderen in Frage stellt, nimmt den Partner nicht ernst. Jeder Mensch ist ein Original und hat seine Wünsche und Vorlieben. Sie sind von Kindheit an eintrainiert. Wer sie als dumm, irrational und verrückt abstempelt, kritisiert seinen Partner, der sich in der Regel verletzt fühlt.

Einer der Hauptgründe für spätere Ehekonflikte und Scheidungen liegt in der Tatsache begründet,

– dass Partner sich nicht *ernst nehmen*,

– dass Partner die Wünsche und Bedürfnisse des anderen *überhören*,

– dass Partner die Wünsche und Bedürfnisse des anderen *kritisieren*.

Was der andere denkt, fühlt und wünscht, ist *für ihn* wichtig. Er hat subjektiv Recht. In der Liebe zum Partner geht es selten um das Objektive, sondern um das Subjektive. Liebe heißt: Ich sage ja zu dir, zu deinen Gefühlen, zu deinen Gedanken, zu deinen Wünschen und Bedürfnissen.

Kontaktanzeigen, Partnerschaftsvermittlung und Internet-Romanzen

Tageszeitungen, Wochenzeitschriften, Magazine und Illustrierte sind ein Eldorado für Kontaktanzeigen. Junge Frauen und Männer, die aus dem Teenageralter herausgewachsen sind, geben heute mehr als früher Kontaktanzeigen auf. Andere surfen im Internet und flirten in Chat-Rooms und suchen in Herzblattbörsen. Junge Leute sind mutiger geworden. Barrieren, die früher unüberwindbar erschienen, werden heute im Galopp genommen.

Vorteile und Nachteile von Kontaktanzeigen

Es gibt viele Paare, die sich über Kontaktanzeigen oder die Partnervermittlung kennen gelernt haben. Die einen halten diese Form für ideal, andere wollen Gott nicht ins Handwerk pfuschen und lehnen sie ab.

Die Vorteile sind:

Vorteil 1:
Sie können Ihre Einsamkeit überwinden.
Wer einsam in seinen vier Wänden vor sich hinbrütet, wem Kontakte auf Single-Freizeiten schwer fallen und wem beruflich wenig Spielraum bleibt, der findet in Kontaktanzeigen und christlichen Partnervermittlungen mit Menschen des anderen Geschlechts schnell Kontakt. Aus der Fülle der Ange-

bote kann er eine Reihe auswählen. Immer kann er sich klar machen, dass auch andere Menschen einsam sind und über Kontaktanzeigen ihre Isolation beenden wollen.

Vorteil 2:
Sie können Ihre Hauptwünsche formulieren.
Wer selbst eine Anzeige aufgibt, hat die Chance, seine Wünsche, auf die er unbedingt Wert legt, zu formulieren. Ein junger Mann formulierte:
„Bin evangelischer Christ, 27 Jahre, 1,78 m groß, und möchte gläubigen Partner kennen lernen. (...)" Wer so deutlich sein Anliegen zur Sprache bringt, wird mögliche Partnerinnen, die mit Kirche, Freikirche und Gott nichts anfangen können, abhalten, sich zu melden. Alter und Größe sind außerdem wichtige Hinweise für suchende Partner.

Vorteil 3:
Sie können aus Hunderten von Anzeigen auswählen.
Und es ist Ihnen nicht verwehrt, auf mehrere zu antworten. Wer die Wahl in Gottes Hände legt, prüft viele Anzeigen. Der erste Beste ist selten der Beste. Partnerwahl ist eine *Wahl.* Viele Partnerschaften gehen später in die Brüche, weil Mann und Frau sich leidenschaftlich ineinander verliebt haben, aber es fehlten wesentliche Aspekte der Übereinstimmung. Liebe ist mehr als ein leidenschaftliches Gefühl, ist mehr als ein intensives Begehren.

Vorteil 4:
Sie lehnen die Beziehungen ab, wenn die ersten Kontakte misslingen.
In der Regel entscheiden die ersten zwei oder drei Kontakte, ob eine nähere Beziehung gewagt werden kann. Das Erscheinungsbild, krasse Bildungsunterschiede und charakterliche

Eigenarten können Ablehnung hervorrufen. Sie finden keine Zuneigung zum anderen oder er findet keine spontane Zuneigung zu Ihnen. Beide Parteien sind sich darüber klar, dass die Partnerwahl von vielen unbewussten Faktoren abhängig ist. Sympathien und Antipathien haben sich von klein auf in jedem von uns gebildet. Sie spielen bei der Wahl eine große Rolle. Vorurteile und ansprechende Gefühle sind in Herz und Hirn gespeichert.

Nachteil 1:
Viele Anzeigen klingen theoretisch und technisch.
Sie hören sich an, als wolle ein Mann nicht sich, sondern sein Auto anbieten. Alter, Baujahr, Farbe, Leistungsstärke, gut erhalten usw. sind keine Hilfen für die Partnerwahl.
„Er, 36 Jahre, 1,86 m, schlank, dunkelhaarig. Aufgeschlossen und vielseitig interessiert, sucht hübsche und kommunikative Sie zwischen 30 und 36 Jahren. Nur ernst gemeinte Bildzuschriften."
Was kann eine Frau mit dieser Information anfangen? Sie treffen auf Millionen Männer zu. Dass ein Mensch „aufgeschlossen" ist, erwarte ich, ohne es anzusprechen. Und „vielseitig interessiert" ist das Platteste und Banalste, das ich mir vorstellen kann. Er kann sich für Fußball, Fußpilz und Fußmassagen interessieren. Solche Worthülsen sollten Sie sich sparen.

Nachteil 2:
Sie müssen den Mut haben, viele persönliche Kontakte einzugehen!
Wer das nicht will, sollte von Kontaktanzeigen Abstand nehmen. Wer selbst eine Anzeige aufgibt, muss unter Umständen mit vielen Antworten rechnen. Nur der persönliche Kontakt gibt Ihnen Gewissheit, in der Fülle von Angeboten einen

möglichen Partner zu entdecken. Besonders Christen schämen sich häufig, bei Erstkontakten unter Umständen zwei Partner in einer Woche zu treffen.

Nachteil 3:
Nur wenige geben in Anzeigen Wesentliches über sich preis.
„Ich bin sportlich interessiert!" Dieser Satz ist irreführend. Suche ich einen sportlichen Menschen? Praktiziere ich eine besondere Sportart? Welche? Bin ich aktiver Zuschauer einer konkreten Sportart? Der Satz lässt alles offen. Formulieren Sie konkret: Ich habe einen Hund, ich spiele aktiv Tennis, ich singe im Chor. Beruf: Ingenieur, Augenoptiker, Student, Berufsoffizier, Pastor usw. Oder: „Er, introvertiert, sucht extrovertierte Partnerin." Oder: „Suche weiche, anschmiegsame Partnerin." Jeder rät sofort: Da spricht ein eher bestimmender Partner, der wahrscheinlich den Ton angibt. Und dann später sind es genau seelische und charakterliche Eigenarten, die Schwierigkeiten machen, weil sie von beiden nicht bedacht wurden.

Partnersuche im Internet

Die Partnersuche im Internet gehört inzwischen zur beliebtesten Kontaktbörse. Die Zeitschrift „Focus"[1] ermittelte, dass sich die meisten Menschen – über 60 Prozent – auf privaten Partys kennen lernen. An zweiter Stelle steht nach wie vor der Arbeitsplatz. Und das scheint weltweit so zu sein. An dritter Stelle wird das Internet frequentiert. Die klassischen Reviere zum Kennenlernen wie Kneipen und Discotheken bzw. Treffpunkte für Jugendliche und Heranwachsende in christlichen oder weltlichen Vereinen rangieren weit hinter dem Internet.

In Chat-Räumen tauschen Männer und Frauen ihre geheimsten Wünsche und Sehnsüchte aus. Der große Vorteil gegenüber Kontaktanzeigen: Hier können beide Geschlechter hemmungslos ihre Gefühle preisgeben und ihren Fantasien freien Lauf lassen. Man bleibt anonym. Eine unglaubliche Offenheit wird vor dem eigentlichen Kennenlernen praktiziert.

Probleme mit dem Internet

Problem 1:
Ernste und nicht ernste Partner flirten im Chat.
Sie suchen Events, wie man heute sagt, und keine wirklichen Lebenspartner. Viele wollen sich amüsieren, sind aber an festen Bindungen nicht interessiert. Diese Abenteuer verhindern, dass der Partnerwahl-Chat zur echten virtuellen Begegnung wird. Aus der Beratungs- und Seelsorgearbeit weiß ich, wie viele Ehen schon ins Schleudern kamen, weil neugierige und liebeshungrige Menschen ein heißes Flirt-Spiel im Internet beginnen, sich verabreden und dann ehefeindliche Liebesabenteuer eingehen. Die Verführung ist groß, per Mausklick eine gefährliche Internet-Romanze zu beginnen.

Problem 2:
Man lernt sich vor dem Kennenlernen kennen.
Die Zeitschrift „Focus" fragte tausend Surfer, welche Gründe für den virtuellen Flirt sprachen. Über 81 Prozent gaben an, sie seien regional nicht gebunden und könnten Kontakte mit Menschen in aller Welt aufnehmen. Über 75 Prozent gaben an, wesentlich unbefangener zu sein und lediglich eine geringe Hemmschwelle zu haben. Ungeniert käme man sofort zur Sache, bliebe anonym und könnte die

frechsten Anspielungen wagen. Intime und sehr persönliche Aussagen würden ungeschminkt und unverhüllt gemacht und beantwortet. Erst wenn alle intimen Wünsche in aller Breite ausgetauscht sind, lernen sich viele Pärchen kennen. In der Tat ist es so: Sie lernen sich gewissermaßen vor dem Kennenlernen kennen. Diese Praxis stellt alle bisher dagewesenen Praktiken des Kennenlernens auf den Kopf. Diese Verhaltensmuster sind unmoralisch und zutiefst fragwürdig. Eine echte und dauerhafte Beziehung kann sich nur schwer daraus entwickeln. Die Chat-Räume des Internets machen es möglich, die zweifelhaften Praktiken vorehelicher Beziehungen zu vervollkommnen. Der Geschlechtsverkehr steht am Anfang der Beziehung, das Kennenlernen kann später erfolgen. Die hohen Scheidungsziffern bestätigen, dass dieser Weg offensichtlich ein Irrweg sein muss.

Problem Nr. 3:
Wer zu früh seine Anschrift preisgibt.
Das ist Cornelia passiert, einer jungen Frau von 26 Jahren. In der Beratung kommen ihr wiederholt die Tränen, als sie von ihren „bösen Erfahrungen" mit einem Chat-Partner berichtet. Im Chat-Raum hatte sie sich sehr zurückhaltend gegeben. Auf lüsterne Fragen ihres anonymen Partners wollte sie nicht antworten. Nur ungern hatte ihr Partner verzichtet, war ihr aber umso schmeichelhafter und zärtlicher begegnet. Nachdem beide Fotos und Anschriften ausgetauscht hatten, waren sie sich zum ersten Mal begegnet. Der junge Mann hatte sie im Auto am verabredeten Treffpunkt abgeholt und war mit ihr direkt in den Wald gefahren. Sie hatte keine Chance, sich ernsthaft zu wehren, und war seinen sexuellen Zugriffen ausgesetzt. Als sie die Beziehung zu ihm nach diesem Erlebnis abrupt abbrach, wurde sie mit unzähligen SMS belästigt. Dem Mann schien es eine Befriedigung zu sein, sie

mit sexuellen Botschaften zu attackieren. Sie schämte sich so sehr, dass sie es vermied, der Polizei die Belästigung und die Vergewaltigung zu melden.

Problem Nr. 4:
Speed-Datings und Turbo-Treffs.
In Schnellversuchen sollen sich Menschen kennen lernen, wenn sie es möchten. Im Web werden kollektive Treffs in Cafés oder Restaurants angeboten. Sieben paarungswillige Frauen und sieben paarungswillige Männer werden eingeladen. Ein kleines Menü wird aufgetragen und in einer Stunde sollen sich Menschen kennen lernen, die miteinander plaudern über Elternhaus, Beruf, Hobbys, besondere Gewohnheiten und schlechte Eigenschaften. Suchen Sie nur einen Freund oder eine Freundin für lustvolle Stunden oder erwarten Sie, dass sich ein Traumpartner herausschält?
Irgendwo in Süddeutschland werden sogar dreißig Personen, die sich über einen Veranstalter im Web gemeldet haben, eingeladen. An Sechsertischen werden Gebäck und Speisen gereicht. Und spätestens nach einer halben bzw. nach einer Stunde werden die Paar-Aspiranten gewechselt. Jeder Mann hat die Möglichkeit, jede Frau für eine kurze Zeit zu kontaktieren. Anschriften und Telefonnummern werden ausgetauscht und die ersten näheren Kontakte haben sich ergeben. Eine Gesellschaft, die Schnell-Restaurants, Express-Fotoautomaten und Schnell-Imbissstuben installiert, ist ideenreich, auch Schnell-Vermittlungsagenturen für Singles und Partnersuchende einzurichten. Kennenlernen im Hochgeschwindigkeitstempo. Wahrscheinlich werden die meisten Hauruck-Verbindungen auch wieder im Turbo-Tempo auseinander dividiert.

Problem Nr. 5:
Der Flirt im Web spielt eine große Rolle.
Wie die Focus-Umfrage zeigt, landen etwa 27 Prozent aller Netz-Flirter – sofern sie die Wahrheit sagen – mit ihren Bekanntschaften im Bett. Verbindlichkeit wird klein geschrieben. Lust und Bedürfnisbefriedigung stehen im Vordergrund. Wenn es um Ziele geht, die Internet-Surfer anstreben, suchen nur 14 Prozent – nach der Focus-Umfrage – einen festen Partner. Wahrscheinlich wissen sie, dass dieser Weg mehr als problematisch ist.

Wenn wir in Deutschland und darüber hinaus vom Wertewandel sprechen, dann wird deutlich: Treue, Verbindlichkeit und sexuelle Enthaltsamkeit spielen nur noch in kleinen Kreisen von Kirche und Freikirche eine Rolle. „Just for fun", „Erlaubt ist, was gefällt" und „Selbstverwirklichung" sind die Vokabeln einer jungen Generation von Ich-Verwirklichern, wie der Bielefelder Professor Hurrelmann die junge Generation nach 2000 benennt.

Wer einen Partner sucht und ihn aus Gottes Hand nehmen will, wird vermutlich im Internet am falschen Ort sein Glück versuchen.

Die christliche Partnervermittlung

In allen christlichen Zeitschriften inserieren sie:
„Partnersuche. Sie haben ihren gläubigen Wunschpartner noch nicht gefunden und möchten nicht länger allein bleiben. Wir helfen Ihnen gern weiter. Fordern Sie unverbindlich unser kostenloses Informationsmaterial an. Christliche Partnervermittlung ..."
So inseriert ein seriöser Partnervermittler. Junge Christen möchten mit einem gläubigen Partner verheiratet sein. Und

sie tun gut daran. Das gemeinsame Leben können beide als beglückend erleben, wenn beide *alles* gemeinsam teilen. Dazu gehört auch der Glaube an den lebendigen Gott. Verliebtheit ist ein schönes Gefühl, aber sie gaukelt den oft Verblendeten vor, dass ihr Zukünftiger schon zu Gott finden wird, wenn erst beide verheiratet sind. Fromme Wünsche sind von der Realität weit entfernt.

Besser ist es, zwei Menschen, die ihr Leben an Gott gebunden haben, finden zusammen. Die christliche Partnervermittlung, die über eine Kartei von gläubigen Bewerbern verfügt, wird im Allgemeinen diesen Wünschen gerecht.

Und dann tauchen Fragen auf, auch in der Seelsorge-Praxis: „Darf ich über Anzeigen oder die Partnervermittlung den passenden Mann oder die passende Frau fürs Leben suchen?"

„Pfusche ich nicht Gott ins Handwerk, wenn ich solche Wege beschreite?"

Ich erinnere an den Vater der Eheforschung in Europa, Dr. Theodor Bovet: „Gott kann alles. Aber er wird keiner Frau und keinem Mann den idealen Partner auf den Schoß setzen. Auch hier gilt das Motto der Mönche in der Frühkirche: Bete und arbeite! Beide sind auch für ihre Wahl verantwortlich."

Nicht wenige erwarten von Gottes Wort eine klare Antwort auf ihre Frage. Eine Antwort kann lauten: „Bittet, so wird euch gegeben; suchet, so werdet ihr finden, klopfet an, so wird euch aufgetan." (Matthäus 7,7)

Unmissverständlich werden wir aufgerufen, etwas zu tun. Wer bittet, dem wird gegeben. Wer wortlos wartet, der wird enttäuscht. Suchet, so werdet ihr finden. Wer tatenlos wartet und die Hände in den Schoß legt, darf Gott keine Vorwürfe machen, dass ER keinen Finger rührt. Führung und Leitung

Gottes können falsch verstanden werden. Wer nichts tut und lediglich im „gläubigen Warten" verharrt, dem glaube ich nicht, dass er wirklich an einer Partnerschaft interessiert ist. Wenn wir gehen, bitten und suchen, wird ER uns nicht im Stich lassen. Darum ist die christliche Partnervermittlung *ein* Weg, dem Partner fürs Leben zu begegnen.

Voraussetzungen für Verliebte

Im letzten Kapitel sollen noch einmal einige Voraussetzungen beleuchtet werden, die für die Partnerwahl entscheidend sind. Es geht nicht um Perfektionismus, sondern um Lebensentscheidungen, die erfahrungsgemäß das Glück einer zukünftigen Verbindung garantieren. Partnerwahl ist eine Lebensaufgabe und kein leichtfertiges Abenteuer. Darum sollten die Verliebten
– vor sich,
– vor dem Partner und
– vor dem lebendigen Gott
prüfen, ob die Voraussetzungen für eine Partnerschaft, die auf Dauer und auf Harmonie angelegt ist, gegeben sind.

Voraussetzung Nr. 1:
Beide Partner haben sich von der Ursprungsfamilie abgenabelt.
Zwei Menschen, die sich lieben und die eine gemeinsame Zukunft planen, müssen erwachsen sein. Dazu gehört eine gewisse Reife und die Abnabelung vom Elternhaus, um den Aufgaben der Ehe gewachsen zu sein.
Die renommierte amerikanische Beziehungsforscherin Judith Wallerstein ist davon überzeugt, dass eine harmonische Ehebeziehung nur gelingen kann, wenn die Abnabelung vom Elternhaus erfolgt ist.
„Die erste Aufgabe jeder Art von Ehe besteht darin, sich psychologisch von der eigenen Familie zu lösen und eine neue Bindung mit dem Partner einzugehen. Diese Aufgaben schei-

nen ihnen im Widerspruch zueinander zu stehen, bedingen sich jedoch gegenseitig.

Um eine gute Ehe zu führen, muss man eine eigenständige Meinung vertreten und in der Lage sein, sich auf sein eigenes Urteil sowie seine Fähigkeit, Entscheidungen zu treffen, verlassen. Vor allen Dingen muss man den Partner zum Objekt der Liebe und Loyalität machen und die Gründung einer Familie zum gemeinsamen Ziel. Die emotionale Veränderung vom Kind zum Ehepartner ist nur möglich, wenn man seine Beziehungen zu den Eltern und seine Konflikte mit ihnen neu überdenkt." [1]

Für Frauen und Männer fällt die Loslösung von Mutter und Vater in der Regel nicht leicht. Beide müssen eine neue Identität einüben. Aus Kindern müssen selbstständige Erwachsene werden. Viele führen noch ein Doppelleben. Sie sind Töchter und Söhne, aber gleichzeitig Ehefrauen und Ehemänner.

Auch geistlich ist die Loslösung vom Elternhaus wichtig. Die Bibel formuliert den Vorgang so: „Deshalb verlässt ein Mann Vater und Mutter, um mit seiner Frau zu leben. Die zwei sind dann eins mit Leib und Seele." (1. Mose 2,24)

Vater und Mutter zu verlassen, hat nichts mit Im-Stich-Lassen zu tun. Aber die Nabelschnur muss zerschnitten sein. Das Einssein und das Eingebettetsein in die Ursprungsfamilie sind vorbei. Die Liebenden werden in der Ehe „eins mit Leib und Seele". Zu große Abhängigkeit vom Elternhaus schafft Misstrauen und Differenzen.

Ein gewisses Maß von Abhängigkeit ist für jede Partnerschaft grundlegend. Ohne Abhängigkeit keine Nähe, keine Innigkeit und Dichte der Beziehung. Eine übertriebene Abhängigkeit aber bedeutet Hilflosigkeit, Unmündigkeit und ein klammerndes und einengendes Verhalten. Hier versteckt sich die Eifersucht und entpuppt sich als kontrollierendes und vereinnahmendes Verhalten.

Voraussetzung Nr. 2:
Nähe und Distanz müssen ausgewogen sein.
Zwei Liebende, die eine verbindliche Partnerschaft und Ehe eingehen wollen, brauchen beides: ein stabiles Zusammengehörigkeitsgefühl und ihre jeweilige Unabhängigkeit.

- Zwei Liebende sind nicht zusammengeschweißt.
- Zwei Liebende gehen keine Symbiose ein.
- Zwei Liebende bleiben zwei selbstständige Wesen.

Aus der völligen Abhängigkeit des Säuglings zur Mutter soll sich im späteren Leben eine gesunde Selbstständigkeit entwickeln. Schrittweise vollzieht sich eine lebensnotwendige Trennung und Abnabelung. Die notwendige Selbstbehauptung und Unabhängigkeit können blockiert werden. Eltern halten eifersüchtig ihr Kind fest und die Kinder klammern sich ängstlich ans Elternhaus. Was sagt der Abhängige und Nähesuchende?
„Du drückst dich vor mir!"
„Du schämst dich, mit mir verbunden zu sein!"
„Du liebst mich nicht richtig!"
„Du bist kalt und gefühllos!"
„Du bist grausam und gemein!"
„Du spannst mich auf die Folter!"

Und Unabhängige und mehr Distanz Suchende sagen:
„Du frisst mich mit Haut und Haaren!"
„Du vereinnahmst mich total!"
„Du kontrollierst mich auf Schritt und Tritt!"
„Du spionierst hinter mir her!"

„*Du* lässt mir keine Luft zum Atmen!"

Jeder glaubt, sich verteidigen oder wehren zu müssen. Zwei Menschen, die sich verteidigen, liegen im Kampf miteinander. Beide akzeptieren nicht die Eigenart des anderen. Beide beklagen sich und suchen die Schuld beim anderen. Beide verstärken ihre Vorwürfe und vergrößern die Kluft unaufhaltsam.

Eine verlobte junge Frau sagte mir einmal in einem Beratungsgespräch: „Wir wollen heiraten und *alles* gemeinsam machen. Wenn wir nicht alles gemeinsam machen, warum heiraten wir dann?"

Der Mann saß dabei, in einem schicken Anzug mit Hemd und Krawatte. Als sie das sagte, streckte er zwei Finger zwischen Hals und Hemdkragen, als wenn er sich Luft verschaffen müsste. Ich fragte ihn, ob ihm bewusst sei, was er gerade gemacht hätte. Er sagte etwas gequält: „Genau das ist mein Problem. Wir lieben uns heiß und innig. Aber ich habe oft das Gefühl, sie vereinnahmt mich total. Ich kriege keine Luft mehr. Sie frisst mich auf."

„Und ich dachte schon, mein Verlobter liebt mich gar nicht. Wenn wir uns verabreden wollen, schiebt er die Verabredungen immer weiter hinaus. Er findet immer neue Entschuldigungen."

„Du hast Recht. Ich brauche mehr Abstand. Dein Klammern nimmt mir die Luft zum Atmen."

Beide haben die Heirat noch hinausgeschoben, um einen brauchbaren Kompromiss zu finden, damit Nähe und Distanz für beide erträglich gestaltet werden können. Die junge Frau fühlte sich in ihrer Kindheit und im Jugendalter vernachlässigt. Die Eltern unterhielten ein lebhaftes Autogeschäft. Vater und Mutter waren im Geschäft voll engagiert und abends fanden noch Verkaufsgespräche statt. Außerdem mussten Teile der Buchhaltung nachgeholt werden. Der jungen Frau fiel es schwer, das Bedürfnis nach Distanz des Mannes zu akzeptieren. Aber sie war bereit, etwas Sinnvolles für sich zu planen, statt sich an ihn zu kletten. Ohne eine solche Korrektur wäre die Ehe der beiden gescheitert.

Reife Partner erkennen ihre Schwächen und Defizite.
Reife Partner machen nicht den anderen verantwortlich.
Reife Partner arbeiten an ihren Mängeln.

Voraussetzung Nr. 3:
Nicht zu früh!
Wer beim ersten Besten hängen bleibt, hat in der Regel nicht gewählt. Der erste Verliebtheitsrausch hat sie so gefangen genommen, dass sie glauben, nicht mehr loslassen zu können. In der Verliebtheit werden Mängel und Fehler übersehen. Defizite werden nicht wahrgenommen und verdrängt. Sie sind 15 Jahre alt, vielleicht 16 oder 17. Für eine ernst zu nehmende Wahl in der Regel zu jung. Geschmack, Liebe und Gefühl sind noch nicht ausgereift. Vieles ist noch im Wandel begriffen. Die Vorstellungen ändern sich von Tag zu Tag. Die Urteilskraft steht noch auf wackeligen Beinen. Es ist die hohe Zeit des Schwärmens. Alles und nichts kann hinreißend sein. Busen, Po, Beine und Haare bestimmen die Wahl stärker als Fragen nach der Freundschaftsfähigkeit, Toleranz, Konfliktfähigkeit, Vertrauenswürdigkeit, Vergebungsbereitschaft. Äußerliches fasziniert, Innerliches ist noch wenig gefragt.
Ich hatte einen Vortrag in einem Gymnasium. Die 17- bis 18-Jährigen hatten das Thema gewählt: Kameradschaft – Freundschaft – Liebe. Am Schluss der Veranstaltung will mich eine junge Dame sprechen. Sie erzählt mir, dass sie

zwei Jahre mit einem Jungen gegangen sei, der sie von heute auf morgen sitzen gelassen hätte. Und der Grund?

„Wissen Sie, ich hatte lange glatte Haare. Eines Tages habe ich sie mir abschneiden lassen, weil sie mir ständig im Gesicht hingen. Ich sehe noch sein Gesicht, als wir uns abends trafen. Er war entsetzt und starrte mich fassungslos an und sagte dann – für mich unbegreiflich: ‚Ich habe dich mit langen Haaren geliebt, aber nicht so.‘ Und die Freundschaft war zu Ende, ob Sie mir das glauben oder nicht.“

„Doch, ich glaube das. Haare spielen eine große Rolle in der Verliebtheit. In der wirklichen Liebe sind sie ein hübsches Beiwerk, aber ansonsten kein ernst zu nehmender Faktor.“

Voraussetzung Nr. 4:
Beide Partner lernen, fair zu streiten.

Konflikte gehören zum Leben. Auseinandersetzungen sind menschlich und christlich. Wo Menschen zusammenleben, gibt es Missverständnisse, Reibungen und unterschiedliche Bewertungen. Viele Christen gehen Konflikten aus dem Weg. Sie halten das für liebevoll und friedfertig. Sie glauben, Konflikte lösen sich von selbst. Die Zeit heilt die Wunden. Die Zeit heilt in der Tat Wunden, aber keine Konflikte. Je ängstlicher und harmoniesüchtiger ein Partner ist, desto mehr verlagert er den Streit nach innen. Im Innern bauen sich dann

– Widerstand,
– Wut und Enttäuschung oder
– psychosomatische Störungen auf.

Wer dem Streit ausweicht, schadet der Partnerschaft. Schweigen löst keine Probleme. Die friedfertige Atmosphäre ist gestört.

Paulus macht Verliebte und Verheiratete mit Nachdruck darauf aufmerksam, Folgendes zu bedenken: „Hört also auf zu lügen und betrügt einander nicht; denn wir alle sind Glieder am Leib Christi. Versündigt euch nicht, wenn ihr in Zorn geratet, und versöhnt euch wieder miteinander, bevor die Sonne untergeht, sonst bekommt der Teufel Macht über euch. Lasst kein giftiges Wort über eure Lippen kommen. Seht lieber zu, dass ihr für die anderen in jeder Lage das rechte Wort habt, das ihnen weiterhilft. (...) Weg also mit aller Verbitterung, mit Aufbrausen, Zorn und jeder Art von Beleidigung. Schreit einander nicht an! Legt jede feindliche Gesinnung ab. Seid freundlich und hilfsbereit zueinander und vergebt einem Mitmenschen, so wie Gott euch vergeben hat." (Epheser 4,22-32 *in Auswahl*)

Ein Hauptpunkt für alle Beziehungsschwierigkeiten und für gescheiterte Liebesbeziehungen ist die Unfähigkeit, mit Zorn, Wut und Auseinandersetzungen richtig umzugehen. Wer Konflikte und Zorn verdrängt, belügt den Partner, wie Paulus es beschreibt. Wer Frieden heuchelt, lügt und betrügt den anderen.

- Probleme nicht verdrängen, sondern besprechen.
- Probleme nicht überspielen, sondern beim Namen nennen.
- Probleme nicht verschweigen, sondern offenlegen.

Und dann der ausgezeichnete Rat des Paulus: „Versöhnt euch wieder, bevor die Sonne untergeht." Wer sich am Abend vom geliebten Menschen verabschiedet und Wut, Zorn und Bitterkeit mit nach Hause schleppt, schürt die partnerschaftliche Unzufriedenheit und untergräbt die harmonische Beziehung. In Gedanken und in der Fantasie werden die Schwierigkeiten aufgebauscht. Das Klima ist getrübt.

Hilfreich ist es, Verletzungen, Missverständnisse, Kränkungen und Unzufriedenheit beim Namen zu nennen. Die falsch verstandene Friedfertigkeit vieler Christen – sie verwechseln Feigheit mit Demut – torpediert das harmonische Miteinander. Der faire Streit, der nicht rechthaberisch geführt wird, klärt Reibungen, er ermöglicht ein zufriedenes Miteinander.

Voraussetzung Nr. 5:
Mitleid ist zu wenig!
Mitleid ist eine ernst zu nehmende christliche Tugend. Im zwischenmenschlichen Umgang ist sie unentbehrlich. Sich in den anderen einfühlen zu können und seine Nöte und Schwierigkeiten zu verstehen, ist eine unschätzbare Gabe. Wer mit dem anderen leiden und ihn in seinem Schmerz begleiten kann, ist ein Nächster, wie die Bibel sich einen Christen wünscht.
In der Partnerwahl sollte Mitleid nicht die Haupttriebfeder sein. Mitleid ist eine Ausdrucksform der Liebe. Mitleid verleitet den Menschen dazu, den Partner in einer Rolle zu sehen, die nicht auf Gleichwertigkeit basiert.

In der Partnerwahl aus Mitleid
– wird der Partner nicht als ebenbürtig erlebt,
– wird die Schwäche des anderen ausgenutzt,
– spielt der Mitleidige den Märtyrer.

Der Starke braucht den Schwachen,
der Überlegene braucht den Unterlegenen,
der Moralische braucht den Unmoralischen,
der Gläubige braucht den Ungläubigen.

Mitleid wird unbewusst genutzt, um zu herrschen, sich herauszustellen, Großmut, Stärke und Opferbereitschaft zu demonstrieren. Besonders Christen, die ihre Aufgabe darin erkennen zu helfen, zu retten und zu trösten, sind in Gefahr, ihr Mitleid und ihre christliche Nächstenliebe zu missbrauchen.

Voraussetzung Nr. 6:
Bemühen Sie sich um Gleichwertigkeit.
Jeder Mensch ist anders. Andersartigkeit ist von Gott gewollt. Jedes Individuum ist ein Original. Das bedeutet Reichtum und Konflikt zugleich. Gleiche Partner sind nicht gleich in Größe, Alter, Position und Intelligenz. Es bedeutet, sich untereinander mit *gleichem* Respekt zu behandeln. Und wie sieht das aus?

– Männlichkeit ist nicht wertvoller als Weiblichkeit.
– Geld zählt nicht mehr als Opferbereitschaft.
– Seine Begabung ist nicht wichtiger als ihre.
– Ihre Fähigkeiten sind nicht kleiner als seine.

Beide haben nicht die gleichen Chancen – das ist ein gefährliches Vorurteil. Aber wir sind vor Gott gleich wichtig und gleich wertvoll:
– die Großen und die Kleinen,
– der Arbeiter und der Professor,
– die Putzfrau und der Akademiker,
– der Hochbegabte und der schwach Begabte,
– der Behinderte und der Gesunde.

Im Himmel zählen nicht Rang und Namen, Geld, Stellung, Ansehen und Intelligenz. Vor dem lebendigen Gott zählt der Mensch, ohne Ansehen der Person. Diese zutiefst christliche Grundeinstellung ist ein ausgezeichnetes Fundament für jede Partnerschaft.

Im 1. Korintherbrief, Kapitel 12,20–25, finden wir die biblische Einstellung zu Gaben und Begnadung: „So gibt es viele Glieder und doch nur einen Leib. Das Auge kann nicht zur Hand sagen: Ich bin nicht auf dich angewiesen. Der Kopf kann nicht zu den Füßen sagen: Ich brauche euch nicht. Im Gegenteil. Gerade die schwächer scheinenden Glieder des Leibes sind unentbehrlich. Jene, die wir für weniger edel ansehen, erweisen wir umso mehr Ehre, und unseren weniger anständigen Gliedern begegnen wir mit mehr Anstand, während die Anständigen das nicht nötig haben. Gott aber hat den Leib so zusammengefügt, dass er dem geringsten Glied mehr Ehre zukommen ließ, damit im Leib kein Zwiespalt entstehe, sondern alle Glieder einträchtig füreinander sorgen."

Vor dem lebendigen Gott wird kein Glied abgewertet oder herausgehoben. Wie der Leib gleichwertig funktioniert, so soll auch die Gemeinde Gleichwertigkeit praktizieren. Wer diese Gleichwertigkeit in der Partnerschaft einübt, besitzt ein hervorragendes Mittel gegen Rivalität, gegen ein krank machendes Konkurrenzdenken und gegen Leistungsdruck. Gleichwertigkeit untereinander und vor Gott ist die Chance einer funktionierenden Partnerschaft.

Voraussetzung Nr. 7:
Die Verlobung ist keine Probe-Ehe.
Die Frage, ob zwei Menschen sexuell zusammenpassen, spielt in der Boulevard-Presse eine übergewichtige Rolle. Ein wichtiges Thema bekommt einen falschen Stellenwert. Viele meinen:
„Sexuelle Unzufriedenheit ist der Grund für Ehebrüche."
„Sexuelle Probleme stehen in der Beratungspraxis an erster Stelle."

„Ohne sexuelle Übereinstimmung ist die Ehe gefährdet."
„Sexuelle Harmonie ist der Kitt der Ehe."

Das sind ausgesprochene Pseudo-Wahrheiten aus Zeitschriften und Wochenblättern, die zu Hunderttausenden den ahnungslosen Lesern eingetrichtert werden. Viele junge Menschen sind fest davon überzeugt: „Man kauft doch nicht die Katze im Sack."
Sie wissen nicht, dass sexuelle Harmonie nicht ausprobiert werden kann. Sexuelle Harmonie ist der Erfolg von zwei Menschen, die sich restlos einander anvertrauen, die bemüht sind, ihr Leben und nicht nur ihre Leiber miteinander zu vereinigen. Sexuelle Harmonie ist mir nicht gegeben wie rote Haare, blaue Augen oder Sommersprossen. Sie fällt uns nicht in den Schoß, aber sie stellt sich ein, wenn Herzen, Seelen und Körper übereinstimmen.
Die Verlobung ist keine Probe-Ehe. In der Beratung habe ich zu oft Paare erlebt, die vor der Ehe glücklich und zufrieden stellende sexuelle Beziehungen hatten. Nachdem sie ein Jahr oder ein halbes Jahr verheiratet waren, brach die sexuelle Harmonie ab. Die körperlichen Auslösereize wurden durch seelischen Zwist blockiert. Die Herzen stimmten nicht mehr überein. Die Seele war aus dem Gleichgewicht geraten. Die biologische Faszination reicht aber bei weitem nicht aus, den sexuellen Gleichklang zu ermöglichen.
Nach einer Statistik in Amerika und Deutschland führen mehr Menschen, die glaubensmäßig fest verankert sind und als Christen die gleiche Lebensperspektive haben, eine sexuell erfüllte Ehe als Menschen ohne Glaubenshintergrund.

Voraussetzung Nr. 8:
Eine Verlobung kann gelöst werden.
Eine aufgelöste Verlobung ist besser als eine aufgelöste Ehe.

Die Verlobung ist keine Ehe. Die Verlobungsringe sind nicht die Eheringe. Und Verlobungsgeschenke – auch wenn sie einen hohen Wert haben – können zurückgegeben werden. In vielen bewusst christlichen Kreisen wird eine gelöste Verlobung als ein schweres Vergehen angesehen. Die „Schande" wird hoch veranschlagt. Man schämt sich und fühlt sich mit der gesamten Familie bloßgestellt. Diese Haltung ist grundfalsch. Eine gelöste Verlobung ist unter Umständen eine reife Entscheidung. Die Zahl der Partnerschaften ist nicht gering, bei denen eine Ehe eingegangen wurde, um die gläubigen Eltern und Geschwister in der Gemeinde nicht zu enttäuschen.

Die Verlobung ist ein wesentlicher Schritt auf dem Weg zur Ehe. Sie ist keine Verlegenheitspause und keine Probe-Ehe. Sie ist eine letzte Prüfungszeit. Es gibt kein Patentrezept für die Verlobungsdauer. Mindestens ein Jahr sollte die Verlobung ausgedehnt werden. Die Fragen in dieser Bewährungsfrist lauten:

„Passen wir wirklich für ein ganzes Leben zusammen?"

„Können wir uns vorstellen, dass wir in Freud und Leid die Kraft aufbringen können, alles miteinander zu teilen?"

„Sind unsere Glaubens- und Lebensziele miteinander vereinbar oder reiben wir uns an entgegengesetzten Lebensauffassungen?"

Die geheimsten Gedanken, Wünsche, Ideale, aber auch Eigenarten und Wesensverschiedenheiten müssen zur Sprache kommen. Die Verlobung will nicht die Wirklichkeit mit einem Zuckerguss versüßen, die Verlobung will die Tragfähigkeit der zukünftigen Beziehung testen.

Voraussetzung Nr. 9:
Du sollst dir kein Bild machen.

Die Gebote sagen es unmissverständlich: „Du sollst dir kein Gottesbild machen und keine Darstellung von irgendetwas am Himmel droben, auf der Erde unten, im Wasser unter der Erde." (2. Mose 20,4)

Bilderkult ist Gotteslästerung. Aber auch vom Lebenspartner sollten wir uns kein Bild machen. Wir pressen ihn in eine Schablone und töten sein wirkliches Leben. Wer sich vom Partner ein festes Bild zusammenbastelt, läuft einem Traum und Phantom nach. Er verfehlt die Wirklichkeit. Aus vielen Eigenschaften entsteht eine Traumfigur. So sagte mir eine Frau in der Beratung:

„Ich wünsche mir einen Mann, der Hände hat wie mein Heilpraktiker, die Lebensweisheit eines Manès Sperber, die Einfühlsamkeit eines Therapeuten und die Figur eines Filmhelden." Ein Mensch, der solche kindlichen Wünsche nicht ablegt, wird immer unglücklich sein. Seine überhöhten Märchenbuchansprüche produzieren nur Trauer und Resignation. Er liebt keinen Menschen aus Fleisch und Blut mit Fehlern und Schwächen, er liebt ein Fantasieprodukt. Viele Neurotiker machen sich ein Bild von ihrem Partner. Sie fantasieren ein Gegenüber mit Nur-Eigenschaften.

„Ich will *nur* einen Vollblutmann!"

„Ich will *nur* eine Frau mit Intellekt!"

„Ich will *nur* einen Mann mit viel Geld!"

Solche und andere Nur-Wünsche spiegeln eine gestörte Partnerschaft wider und verletzen das Gebot Gottes: „Du sollst dir kein Bild machen." Liebe heißt: Ich liebe dich, *wie du bist*, nicht, wie du sein solltest. Christus hat uns vorgemacht, was wirkliche Liebe bedeutet. Er hat uns geliebt und Ja zu uns gesagt, mit allen Fehlern und Schwächen, mit allen Eigenarten und Verschrobenheiten.

Voraussetzung Nr. 10:
Die Balance zwischen ich und wir.
Reife Liebe für Menschen, die eine verbindliche Beziehung
eingehen wollen, beinhaltet:
Sie haben ein Zusammengehörigkeitsgefühl aufgebaut, aber
die jeweilige Unabhängigkeit wird gewahrt. Verbindliche
Partnerschaft ist keine Symbiose.

Das Gefühl, Teil eines Paares zu sein, bildet die Grundlage
jeder festen Partnerschaft:

- Das *Wir-Gefühl* ist ein Schutz gegen negative Einflüsse aus
  den Elternhäusern.
- Das *Wir-Gefühl* gibt der Partnerschaft Kraft gegen Frustra-
  tionen und Versuchungen.
- Das *Wir-Gefühl* gibt beiden die Überzeugung, einen eigenen unantastbaren Raum zu besitzen, der beide schützt.
- Das *Wir-Gefühl* schweißt zusammen gegen tausend An-
  griffe von außen.
- Das *Wir-Gefühl* wird gestärkt durch einen gemeinsamen
  Glauben, durch gemeinsames Gebet und durch eine gemeinsame Ausrichtung auf die Maßstäbe der Bibel.
- Das *Wir-Gefühl* beinhaltet, dass sich beide mit der Ehe
  identifizieren. Die Ehe wird die neue Lebensgemeinschaft.
  Nicht mehr die Ursprungsfamilie und nicht mehr das Sin-
  gle-Leben.

Viele Partnerschaften und Ehen scheitern, weil das Wir-Gefühl nicht existiert. Sie lassen sich von Eltern, Schwiegereltern, Freunden und gutmeinenden Menschen auseinander
bringen. Wer heiraten will, soll das WIR bedingungslos anstreben. Einer stärkt dem anderen den Rücken. Keiner redet
bei Freunden, Eltern und Schwiegereltern *über* den anderen.
Das Wir-Gefühl ist allerdings nur vorhanden,

... wenn beide sich gründlich *vertrauen*,

... wenn beide sich in ihrem Zusammenhalt nicht *irre machen lassen*,

... wenn beide im Glauben an den lebendigen Gott *zusammenstehen*.

Voraussetzung Nr. 11:
Gehen Sie Konflikte sofort an!
Konflikte gehören zum Leben, zur Partnerschaft, vor der Ehe und in der Ehe. Weil wir verschieden sind als Mann und Frau, weil wir verschieden denken, fühlen und handeln, gibt es Zusammenstöße und Meinungsverschiedenheiten.
Wichtig ist,

... dass sie nicht *zugedeckt*,

... dass sie nicht *überspielt*,

... dass sie nicht *bagatellisiert*,

... dass sie nicht *beiseite gelegt*

werden.

Konflikte sind gesund. Sie zeigen, dass Wünsche und Erwartungen übersehen und missachtet wurden. Liebe heißt: Konflikte ernst zu nehmen und sie im Interesse der Partnerschaft für alle Beteiligten zufriedenstellend zu lösen. Der Konflikt-Vermeider sollte liebevoll, aber bestimmt angesprochen werden: „Lieber Schatz, wir tun uns keinen Gefallen, wenn wir gute Miene zum bösen Spiel machen." Das Abkommen, das beide treffen, oder der Kompromiss, den beide suchen und gefunden haben, wird mit einem handfesten Kuss oder mit einer herzlichen Umarmung besiegelt.

Häufig ist einer der Partner ein Konflikt-Vermeider. Was sind seine oft versteckten Motive?
– Er will gefallen um jeden Preis.

- Er hat Angst, dass der Konflikt eskaliert und es zu heftigen Streitereien kommt.
- Er hat Angst, den Partner zu verlieren.
- Er deckt lieber alles zu und umgeht den Konflikt.
- Er hat gelernt zu schweigen und den unteren Weg zu gehen.

All diese Motive sind falsch und belasten die Partnerschaft. Der Konflikt-Vermeider wirkt friedlich und gibt sich freundlich, aber er leidet im Innern und zieht sich unter Umständen schwere psychosomatische Störungen zu.

Der Konflikt-Vermeider schiebt gern auf die lange Bank. Die Folge: Das zwischenmenschliche Klima verschlechtert sich. Die Partner gehen auf Distanz und brüten im Herzen und in Gedanken beziehungsfeindliche Strategien aus. Konflikte lösen sich nicht von selbst. Sie müssen angesprochen und geklärt werden. Beten Sie darum, dass es ihnen gelingt, Meinungsverschiedenheiten, Reibungen und Missverständnisse *sofort* anzusprechen.

Voraussetzung Nr. 12:
Praktizieren Sie Vergebung!
Vergebung ist in der Tat die wichtigste Sache der Welt.
Durch Vergebung heilen seelische Wunden.
Sie macht es möglich, Unverzeihliches zu verzeihen.
Sie macht es möglich, Feindschaft in Freundlichkeit zu verwandeln.
Sie macht es möglich, Misstrauen in Vertrauen umzugestalten.
Wer nicht vergeben kann, ist *liebesunfähig*.
Wer nicht vergeben kann, ist *beziehungsunfähig*.
Wer nicht vergeben kann, ist *konfliktunfähig*.

Vergebung verhindert, dass Beziehungen zerstört werden. Vergebung ist wie Schmieröl für ein reibungsloses Miteinander in der Partnerschaft. Vergebung ist die Grundlage für Versöhnung. Versöhnung ist wie die Nabelschnur zwischen Mutter und Kind.

Ein schwarzer Pastor aus Tansania, Gabriel Kimerei, formulierte die Botschaft der Versöhnung so: „Ich möchte Ihnen an einem Bild zeigen, was Versöhnung bedeutet. Zeichnen Sie es doch in Ihrem Herzen und Denken nach. In meiner Sprache, in Massai, hat das Wort ‚Versöhnung' eine sehr tiefe Bedeutung. Im Bauch einer schwangeren Frau wächst ein Kind heran. Die Verbindung von Mutter und Kind, die Nabelschnur, heißt bei uns ‚Osatwa'. Dasselbe Wort wird gebraucht, wenn Menschen Feinde waren, die sich versöhnen und zueinander finden. Die Nabelschnur sorgt dafür, dass das Kind Nahrung und Luft in der Mutter bekommt. (...) Genauso ist es mit uns. Das Wort Versöhnung, das Jesus Christus ist, ist diese Nabelschnur zwischen uns und unserem himmlischen Vater. Solange diese Nabelschnur uns verbindet, leben wir." [2]

Auch Verliebte haben unterschiedliche Meinungen, geraten in Streit und tragen Konflikte aus. Vergebung ist vor der Ehe und in der Ehe im zwischenmenschlichen Leben eine Notwendigkeit.

Vergebung schafft Versöhnung.
Vergebung schafft Frieden.
Vergebung festigt das Band der Verliebten.

Literaturverzeichnis

Liebe, fünf Buchstaben, tausend Missverständnisse
1 Aus „Hörzu" 38/1999, S. 12.
2 Robert Sternberg, A triangular theory of love, Psychological Review 1993, S. 119-135.

Das Unbewusste führt Regie
1 Aus „Fokus" 25/2002, S. 120.
2 W. Hugh Missildine, In dir lebt das Kind, das du warst. Klett-Cotta, Stuttgart 1979.

Was geschieht, wenn es zwischen zwei Menschen funkt
1 Michael Lukas Moeller, Wie die Liebe anfängt, Rowohlt Verlag, Reinbek 2002, S. 39f.

Seien Sie zufrieden und kritisch zugleich
1 Bernd Frederich, Die Verliebtheitsfalle, Kreuz Verlag Stuttgart 1998, S. 153f.

Die Verliebtheitsfalle
1 Bernd Frederich, a.a.O., S. 11f.
2 Aus: Das Beste, 6/2002, S. 174.
3 Jürg Willi, Was hält Paare zusammen?, Rowohlt Verlag, Reinbek 1992, S. 42f.
4 Henry Miller, Amouren sind mehr als Liebe, in: „Die Zeit", 23.2.1962.
5 Zit. Nach Erich Vollandt, Ohne Liebe kann keiner leben, Schriftenmissionsverlag, Gladbeck 1964, S. 7ff.

6 Manfred Hasselbrauck/Beate Küpper, Warum wir aufeinander fliegen, Rowohlt Verlag, Reinbek 2002.

Umgangsmuster in der Ursprungsfamilie beeinflussen die Liebesbeziehungen
1 Aus: Psychologie heute. Wie die Alten, so die Jungen, 6/2002, S. 13.
2 Aus: Idea-spektrum 34/1999.

Gleich zu gleich und Gegensätze ziehen sich an
1 Manfred Hasselbrauck/Beate Küpper, a.a.O., S. 83f.
2 Heiko Ernst in: Psychologie heute, 3/2002, S. 3.

Kontaktanzeigen, Partnervermittlungen und Internet-Romanzen
1 Aus: „Focus", 17/2002, Er sucht/Sie sucht Liebe und Sex, S. 161ff.

Voraussetzungen für Verliebte
1 Judith Wallerstein/Sandra Blackeslee, Gute Ehen, Beltz Verlag, Weinheim 1997, S. 50.
2 Gabriel Kemirei in: Offensive Junger Christen, 47/1987, S. 160.

Der Persönlichkeitstest

Reinhold Ruthe
**Typen und
Temperamente**
Die vier Persönlich-
keitsstrukturen

Paperback, 168 Seiten
ISBN 3-87067-725-2

Kennen Sie den Schlüssel zu den wesentlichen
Eigenarten Ihrer Persönlichkeit? Was ist Ihr
Selbstbild? Jeder Mensch ist einmalig, einzigartig
und spiegelt doch zugleich auch einen bestimmten
Typ und damit eine bestimmte Persönlichkeits-
struktur wider. Entdecken Sie mit diesem umfas-
senden Test aus über 160 Fragen Ihr Persönlich-
keitsprofil.

Mit den konkreten Hinweisen und Verhaltenstipps
dieses Ratgebers können Sie Ihre Leistungsfähigkeit
und Lebensqualität entscheidend verbessern.

Brendow.
VERLAG + MEDIEN

Psychosomatische Störungen

Reinhold Ruthe
Krankheiten
Signale der Seele
Wie Symptome des Körpers
gedeutet werden können

Paperback, 192 Seiten
ISBN 3-87067-896-8

Viele Menschen leiden an diesen weit verbreiteten
Symptomen:

- Allergien, Asthma,
- Depressionen, Magengeschwüre,
- Migräne, Rückenschmerzen …

Seele und Körper des Menschen sind unteilbar
miteinander verbunden. Deshalb ist es wichtig,
immer nach den seelischen Ursachen einer Erkrankung zu fragen. Dieser Ratgeber zeigt die
Zusammenhänge zwischen Lebensstil und Ge-
sundheitszustand und eröffnet Wege zu einer
ganzheitlichen Gesundung.

Brendow.
VERLAG + MEDIEN